解密

吸引力法則的真相

成和平 ◎著

臺灣商務印書館

自序

大家看過吸引力法則的相關書籍嗎？

這類書籍已暢銷於世界各地，並引發廣泛的討論，類似勵志書籍更如雨後春筍般冒出，多不勝數。

問題是，坊間關於這類書籍的探討呈現一面倒之勢，盡是歌頌與讚揚，大家會不會覺得奇怪呢？

既然有這麼多人看過這類書籍，也有人出面提出見證，彷彿非常有用，為何大多數人仍無法心想事成？

難道真的如書中所言，無法成功是因為意願不夠堅定？

或者，無法成功是因為違反宇宙的吸引力法則？

尤有甚者，無法成功是因為負面思想的阻礙？或缺乏愛心？

我研究超自然現象多年，對超能力的實驗與研究如數家珍，非常清楚人體的極限在哪裡，不會隨便相信任何怪力亂神的言論。

這類書籍的內容卻遠超過人體的極限，彷彿歷年來的科學研究變得微不足道，真令人震驚不已。

以心電感應（telepathy）與念力（psychokinesis）為例，目前已知非常微弱且難以捉摸，這類書籍的內容卻將兩者無限上綱，變得好像無所不能，與科學研究結果有天壤之別。

此外，對任何事情保持正面的態度，當然是有益身心之舉，但這些書籍將負面的態度推入萬惡的深淵中，連想都不可以，等於極度壓抑情緒，這是可能會引發癌症的C型人格，不可不慎呀。

心想事成並非不可能，但絕非這些書籍所描述的那樣單純，還有其他因素在作用，本書有詳盡的解釋。

本書最後跳脫心想事成的狹隘範疇，透露真正偉大的宇宙「秘密」是什麼，鼓勵大家以宏觀的視野，檢視全部的人生，因為唯有站在最高遠的角度，才能避免迷失與犯錯。

如果大家不喜歡虛幻的神話，歡迎閱覽符合現實的本書，保證不會後悔。

前言

本書依照吸引力法則書籍的主要內容逐一審視，為避免侵犯著作權與版權，只提及其概念，大家若想知道詳情，請參閱原書。

另外，本書引用大量的研究資料，讓大家明白科學家的心血結晶，有一份證據就說一份話，絕非這些相關書籍那樣信口開河，撒下漫天大謊。

大家也可以直接跳讀至最後的結語，中間完全不看，但這樣做會損失不少好東西，有點可惜。

心想事不成的朋友們，若覺得吸引力法則沒有助益，本書或許可以提供另一個腳踏實地的思考方向，完全排除宇宙的神祕力量或怪力亂神。

沒有人可以保證心想事成，但本書揭露的是絕對正確的道路，而且是朝向生命的終極目標前進，不會偏差或走火入魔，自然非短期短視的成功術可比擬。

請大家放鬆心情，端正坐姿，喝杯咖啡或茶，播個音樂也無妨，細細品嚐本書的另類滋味吧。

目錄

第二章　吸引力法則的反例　59

第一章

吸引力法則可驗證嗎？

什麼是吸引力法則？我簡述如下：

當你有了一個思想或心像，就會吸引同類的思想或心像過來，最後會變成實物，譬如財富，回到你身邊，就叫做吸引力法則，是宇宙的最大秘密。只要了解並貫徹這個秘密，就可以心想事成，無往不利。

一個偉大的法則，必須要有堅實的理論基礎，經得起各項考驗，本章就特別針對這項理論做驗證。

首先，到底有沒有這樣無限的宇宙神秘力量，在支配我們的生活？

坊間各類成功勵志書籍強調的，大多是觀人術、人際關係、說話技巧、演講要領、甚至厚黑學等，相當符合現實的需要，頂多再加上自我暗示或催眠，讓自己有自信而已，從未提到有所謂宇宙的神祕法則。

所以，一般途徑是行不通的，只能從神秘學的角度探查，我以超心理學研究家的身分來審視，吸引力法則的途徑可能有三種（以財富為例）：

一、當你發出賺大錢的願望後，被神或上帝知悉，然後發動神力，透過他人移動財富到你的身邊。

二、這個願望被某些貴人以心電感應的方式收到，然後將財富帶到你的身邊。

三、這個願望本身就是念力，直接將財富移到你的身邊。

吸引力法則是哪一種呢？還是兩種以上的混合？或者，根本沒有這些過程，純屬虛構？

依照吸引力法則的內容，最有可能的是第一種說法，但為何不直接解釋成神或上帝，只說是宇宙的力量呢？也不解釋什麼是宇宙的力量，讓人丈二金剛摸不著頭緒。難道怕被人扣上傳教的帽子？我不懂。

我認為第二種說法還算說得通，也就是以心電感應的方式，讓所謂的貴人接收到訊息後，有意無意跑來助你成功，第三種說法根本不可能，又不是變魔術。

大家可能不知道，超能力的科學實驗已多不勝數，足以回答後面兩種可能的真實性，且讓我娓娓道來。

吸引力法則的由來與發展

前面提過，吸引力法則是指的是我們的思想具有某種頻率或磁性效應，任何你所想過的都會傳送到宇宙中，然後宇宙將以相同的頻率反饋給你。換句話說，當下的想法會創造出實相，然後成為你的未來。

「吸引力法則」這個字眼的正式誕生，距今不過一百多年的歷史，但是它隱藏的意涵卻存在於古老的印度人信仰之中。

早年印度教對通神學有一定的影響，吸引力法則的概念便逐漸出現在一些早期的通神學的文獻中。

一八七七年，「吸引力法則」第一次出現，在赫蓮娜・布拉瓦茨基（Helena Blavatsky）的書《揭開伊西斯的面紗》（*Isis Unveiled: Secrets of the Ancient Wisdom Tradition*）中。一八七九年四月六日，《紐約時報》刊登一篇報導淘金熱的文章，又提到了「吸引力法則」，這是「吸引力法則」的概念第一次出現在大眾的面前。

一九〇六年，威廉姆・沃爾特・阿特金森（William Walker Atkinson）在他的書《思維波動或思維世界的吸引力法則》（*Thought Vibration or the Law of Attraction in the Thought World*）中，也介紹了「吸引力法則」。

一九〇七年，布魯斯・麥克萊蘭（Bruce MacLelland）在他的書《想像力帶來富有》（*Prosperity Through Thought Force*），對吸引力法則做了總結，並提出「你是你所想，而非你想你所是」（You are what you think, not what you think you are.）的概念。

從此以後，關於吸引力法則的研究層出不窮，譬如一九二六年出版的歐內斯特・

赫爾姆斯（Ernest Holmes）所著的《心靈科學的基本思想》（*The Science of Mind*）、一九四九年雷蒙德・霍利維爾博士（Dr. Raymond Holliwell）所著的《讓吸引力法則伴隨工作》（*Working With The Law*）等。

二十世紀九〇年代，傑瑞・希克斯(Jerry Hicks)和埃絲特・希克斯(Esther Hicks)出版了《亞伯拉罕的教義》（*The Teachings of Abraham*）、《情緒的驚人力量》（*The Astonishing Power of Emotions: Let Your Feelings Be Your Guide*）等一系列著作，因為這些書籍的暢銷，吸引力法則的說法再度引人注意。

二〇〇六年，一部叫做《秘密》（*The Secret*）的電影上映，以及同名書的上市，才真正讓「吸引力法則」的概念風靡了全球。

潛意識或直覺有多大的能耐？

既然無法查明吸引力法則的源頭是什麼，回頭看看潛意識或直覺有多大的能耐，或許是個好主意。

一般人總是會被一些問題困擾，譬如明天要去哪裡玩？應接受哪一份工作？該和哪一個對象結婚？

杜克大學曾研究人們如何應付「難以決定的事」。小事譬如今晚該在哪裡吃飯，大事譬如該不該和「這個男的」分手。科學家做了一系列實驗後，竟然推論出一個驚人的辦法——

當你碰到一個很困難的問題，與其仔細思考所有的可能性，還跑去問人，不如就完全不想、不問、不求籤，「通通放掉」，當場直接付諸「潛意識」，請它幫你做一個決定。

這樣的決定，科學家發現，往往是驚人的「正確」！

杜克大學的研究人員找來好幾位實驗者，將他們分為A、B、C三組，請他們在精心安排的四個「差不多」的選項中選擇一個。

A組必須在某個時間內答出來（譬如三分鐘），B組則被允許想多久都沒關係，想完再提供答案即可，C組和A組類似，也給一樣的時間思考，但是在時間快到時，科學家會給他們一大堆干擾，強迫他們分心，逼他們沒辦法在限時內想完，只能靠「潛意識」勉強擠出一個答案。

驚人的結果出現了：

隨便猜猜的C組，竟然表現的比專心思考的A組還好，在四個選項中做了比較正確的選擇，而且其正確度已經接近了B組的水準。

也就是說，同樣是在固定時間內要答出來，「隨便想」的，居然比專心想的還好！換句話說，潛意識提供的答案，比清楚意識還要高明？

科學家認為，一般人碰到複雜問題，總會想辦法將「所有可能的結果」在腦中列出來，或在紙上寫下來，但人腦的運算力量顯然遠比我們預估的還強大，在開始計算之後沒多久，就已經「知道」最好的選項是哪一個。

如果這個時候，不馬上跟著感覺走，還硬要鑽牛角尖，人腦就會開始被一些「不重要的資訊」蒙蔽了。

不過，顯然「潛意識」也要謹慎使用，科學家另外設計了第二份考題，讓四個選項變得差異很多，只要稍微想一下，就可以區分出哪個是最正確的選擇，結果發現，這樣的考題，對於C組就不行了，A組反而比較厲害。

也就是說，剛剛這種「潛意識」，只能放在選項差不多、無法解讀的狀況下才有用，譬如在難以決定的「兩難」、「三難」、「四難」的習題時，才適合發揮潛意識！

一般人在做決定時，最大的問題是在「把不重要的看成重要的」。如果問題已經很難了，還要再丟個問題給自己，結果看起來很小心的人，常做出錯誤的決定。

所以潛意識並非萬能，但有一些價值，可以去接近它，而非開發它，更不能無限上綱成無所不能。

前面提到的「通通放掉」，是在殫精竭慮、絞盡腦汁之後才能進行，通常配合休閒旅遊、大睡一場、或催眠暗示自己放鬆，會更有效。

所以，請費盡心思、潛心研究自己的難題後，再通通拋諸腦後，去休閒旅遊、大睡一場、或催眠暗示自己放鬆都可以，才有可能出現解決問題的靈感，吸引力法則卻完全沒提到放掉這個訣竅，發明它的人顯然不了解潛意識與直覺的作用機制，只知妄想最後的成果，唉！

此外，只要是教人放鬆的催眠暗示都可以，譬如暗示從頭到腳的肌肉逐步放鬆，只要做得好，效果與休閒旅遊或大睡一場雷同。請見本書第四章。

關於超心理學

前面提過念力與心電感應，它們都屬於超心理學（parapsychology），這是一種實驗心理科學，肇始於二十年代末，致力於用實證科學的方法，驗證人體潛能是否存在以及影響這些潛能的因素。

國內將人體潛能稱超能力或特異功能，西方稱為賽（psi）現象，代表未知的意思，目前研究的賽現象主要包括兩大類：超感知覺（Extrasensory Perception）和心靈致動（Psycho Kinesis）。

超感知覺是指不通過五官而知覺信息的能力，包括他心通或心電感應（telepathy）、透視力或天目（clairvoyance）、遙視（remote viewing）、宿命通（預知未來：precognition，回知過去：retrocognition）。

心靈致動是指不動手動腳，而能影響與操控外界物質的能力，如意念移物，意念影響電子儀器等。

懷疑論者的意見

一九七六年，有名的學者卡爾・薩根（Carl Sagan）與一群懷疑論者成立了超常主張科學調查委員會（CSICOP），其目的是為了糾正當時媒體對於所謂「超常現象」的過分關注。後來這個團體改名為ＣＳＩ，也就是懷疑論調查委員會。

卡爾最有名的一本書《魔鬼出沒的世界》，在他逝世的那年出版，現在已經成為了懷疑論的經典著作，以下是書中的一段：

「在這本書的寫作期間，在超感官知覺領域有三個命題，以我之見，值得認真研究：

（1）通過獨自思考，人（勉強）可以影響計算機的隨機數產生器；
（2）人在適度的感覺喪失的情況下可以接收到「投射」向他們的想法或圖像；
（3）小孩子有時會講出前世的細節，並被證明是準確的，除再生之外別無其他途徑可以知道。

我提出這些命題不是因為它們可能是合理的（實際上我不贊同這些命題），而是因為它們可以作為可能是正確的論點的例子。第三個命題至少有一些，儘管仍是可疑的實驗支持。當然，也許我錯了。」

我也覺得值得研究，卡爾提到的前兩項與吸引力法則有關，將於後面篇章詳述。

巧合的機制

吸引力法則完全否決巧合的可能性，認定一切皆由思想吸引過來的，是真的嗎？人們常常用「極不可能發生」的傳奇來向科學家挑戰，譬如夢到或感覺到某個親友死了，過了幾分鐘便接到一通電話，正好是那個親友突然過世的消息。

目前科學界引用「大數法則」的機率原則來解釋，以下摘錄自《科學人》（二〇〇四年九月號），請大家看看：（http://sa.ylib.com/circus/circusshow.asp?FDocNo=537&CL=23）

有一個稱為「大數法則」的機率原則告訴我們：在數量樣本較少時機率很小的事件，在數量樣本較大時，其發生的機率便會變高。

以預知死亡為例，假定在一年裡，你所知道的人中有十人過世，而你每年各會想到這些人一次，那麼一年裡有時十萬五千一百二十個五分鐘可供你想這十個人，命中機率為1/10512，當然近乎不可能。但美國有二億九千五百萬人。為方便計算，假設每個人的想法都一樣，每年就有1/10512×295000000=28063人，相當於每天有七十七人次的預知死亡成真。

美國新澤西州普林斯頓高等研究院的物理學家戴森說：「我們每天醒著、忙著過活的時間約有八小時，這其間大約每秒鐘我們就聽到或看到一個事件。所以每天發生在我們身上的事件約有三萬件，近乎一個月一百萬件。這些事件除了少數例外，其他都不怎麼特別，不是奇蹟。而出現奇蹟的機會大約一百萬個事件中會有一件，因此我們可以預期，平均一個月會發生一次奇蹟。」

戴森還聲稱：「有大量的證據可證實，超常現象是真實的，只不過它們存在於科學範疇之外。」心靈研究會與其他組織所收集到的各種消息顯示，在某些條件下（如壓力），有些人有時會展現超常力量（但進行控制實驗時力量便會消失），戴森覺得：

「精神現象的世界是可能存在的，然因過於變換不定又倏忽消失，所以笨重的科學工具難以捕捉。」

想要知道那些軼聞所說的究竟是不是真實現象，唯一的方法就是控制實驗。人們要不就是可以讀取他人心思（或第六感卡片），要不就是不行。科學已經清楚地顯示不行——證明完畢。即使身為整體論者而非化約論者、即使認識與心靈研究有關的人，或是讀到他人發生的怪事，也不會改變這個事實。

以上薛莫的文章大部分是正確的，但這句話「人們要不就是可以讀取他人心思（或第六感卡片），要不就是不行。科學已經清楚地顯示不行——證明完畢。」是有問題的，因為超感知覺沒有被科學證明是完全不存在的，許多心理學教科書仍將雙方爭議列入內容中，如果得到完全不存在的證明，就不會寫出來誤導學子了。

此外，我覺得要視個案而定，譬如預知，當事人的腦中畫面與真實事件的相似度有多少？如果薛莫真的有科學查證的嚴謹精神，應該統計出相似度是多少百分比，以數據來說明才有說服力，而且必須言明，多少百分比以上才算是預知，多少百分比以下是巧合。

我不喜歡他的最後一句話：「即使身為整體論者而非化約論者、即使認識與心靈研究有關的人，或是讀到他人發生的怪事，也不會改變這個事實。」這個說法不好，因為會被批評為「不理性」，不理性的態度無助於化解懷疑論者與相信者之間的衝突。

所以，吸引力法則的成功案例，絕對不能排除巧合，這是無庸置疑的。

整場程序（Ganzfeld procedure）

整場程序是被研究最多的超能力實驗，由於累積了大量資料，已列入某些普通心理學書中當成教材了。

在介紹這種實驗之前，先談談感覺剝奪（sensory deprival）的意義。

當一個人的視覺與聽覺被剝奪之後，潛意識的訊息會填補上來，例如在夜深人靜的時候容易見鬼，就是因為在太黑太靜的地方等於感官被剝奪了，而腦部在缺乏感覺回饋的情形下，會自行創造感覺與思維。

超心理學家便假定，此時的腦部也可以接收神秘的訊息，譬如他人的念頭。

整場程序便是一種感覺剝奪的實驗，過程是這樣的：請傳送訊息的人看幻燈片，然後設法以心思傳送圖片影像至隔壁房間內的接收者。而接收者在四周寂靜無聲且只有昏暗紅光的室內躺著，兩眼各罩著半個乒乓球或眼罩，耳朵戴上發出混合噪音（white noise）的耳機，等於阻隔外界噪音與光線的影響，時間約半小時。

有的時候傳送者可用素描的方式，畫下幻燈片的圖案細節，據說有利於心思傳送。傳送給束後，請接收者看四張圖片（有一張是真的），以決定哪一個才是傳送的訊息。

這個實驗是測驗心電感應的正確命中率，如果是用亂猜的話，機率為四分之一（25％）。

一個題外話，我很反對心電感應一詞，因為極不精確，接收者不可能分秒不差的收到傳送者的訊息，萬一在數小時之後才收到，難道也算嗎？如果提前幾秒收到，應該算是預知才對，所以心電感應的說法應該揚棄。

對神秘現象吹毛求疵是必要的，希望大家也有同樣的態度。

整場程序被許多研究者反覆使用，目前已有共識出現，就是命中率達32～38％以上，即可視為有顯著的統計意義，因為想達到38％命中率的機會只有十億分之一。許多實驗室做出這樣的結果，有少數實驗室做出更驚人的成績。

懷疑論者認為，仍有一些實驗室做不出顯著的結果，所以不相信是神秘的心靈力量所致，或許只是巧合或實驗過程不夠嚴謹罷了。

我認為傳送者與接收者的精神狀態可能對結果有影響，專心的程度應該是傳送過程的決定因素，精神散漫與胡思亂想應該不利於結果。

另有一些因素，可能也影響成功率，譬如相信超常感應的程度、以前的超常感應經驗、冥想經驗、藝術創造力、與發送者的親密程度等，但未獲證實。

二〇一〇年，一群學者分析了一九九七年至二〇〇八年的二十九個實驗，在一千四百九十八次測試中，有四百八十三次命中，機率為32.2%，$p<0.001$，也就是在統計上有意義，大家參考看看。

不過，這麼微小的效果，與吸引力法則的通天本領，實在不能相比，我想不出支持吸引力法則的證據何在？

心電感應夢的研究

紐約的兩位醫師做過這樣的實驗，值得探討：

請受試者躺在隔音室裡睡覺，頭上綁著電極，以便測試睡眠腦波。另一位實驗者在很遠的房間裡，集中精神看一張隨機選來的圖片。

在受試者開始做夢的時候，實驗者就開始看圖片，等受試者做夢結束，便喚醒他，詢問記錄他們的夢，然後請與實驗無關的裁判員比較夢與圖片的關聯性。

結果顯示，平均每三次實驗就有兩次具備統計學上的意義，換句話說，成功的機率高於巧合。

這個實驗算是很好的實驗，但有個缺點，圖片多是名畫家的畫，內容有點複雜，如果改成簡單的單一素描圖像，譬如金字塔，恐怕會有更明確的結果。

另有一間「夢研究實驗室」做了類似的測試，共做了十五次實驗，有七次獲得正面的有意義結果，但有更多的實驗室沒出現有意義的結果。

發明吸引力法則的人總是宣稱神奇無比，要什麼有什麼，夢中的心電感應顯然無法解釋，所以我還是抱持保留的態度。

超感知覺與破案

一九三七年美國曾發生一件有趣的超能力測試，一名孩童被綁架，報紙公開徵求與破案線索有關的夢，結果收到一千三百多封來信。

後來，這名孩童被發現在離家數英里外的樹林裡的淺墳墓中，肢體殘缺不全，兇手也被抓到了，是一名德國木匠。

很多信有提到兇手是外國人或操外國口音的男人，但只有5%的信說孩童已死亡。真正成功描述屍體位置與隱藏方式的信，只有七封，其中一封最為正確：

「我想我正站在或正走在一個有很多樹的泥濘的地方。一個地點看上去好像是一座圓的、淺的墳墓。就在那時，我聽到一個聲音說；『那個孩子已經被謀殺了，就藏在那兒。』」

如果這個神奇的夢境是從兇手腦中的畫面得到的，便屬於心電感應，但整體而言，成功的機率實在太低了（七／一三〇〇），仍很難用來解釋吸引力法則。

愛因斯坦寫序

美國著名作家Upton Sinclair，曾獲得普立茲獎，寫過一本書《精神傳送》（mental radio），描述他與妻子瑪麗做的實驗。

他請一位實驗者在四十英里外畫下見到的東西，譬如鳥、樹、花等，然後裝入不透光的信封內，再交給瑪麗，以超感知覺的方式，畫出信封內的東西。

在二百九十次測試中，六十五次完全命中，一百五十五次部分命中，七十次失敗，算是相當不錯的成績。

由於相當特別，愛因斯坦還寫了德文前言，認為此書「值得最認真地思考」、「的確遠遠超出一個自然界的調查研究者可想像的範圍」、「作者良好的可信性與可靠性是不被懷疑的」。

這樣的書獲得愛因斯坦的推薦，顯示非同小可，值得科學家重視，不能以一般的怪力亂神書籍看待。

如果瑪麗的感應是從實驗者的腦海中得到，也可以算是心電感應，其成功機率雖然稍高，仍不敵吸引力法則如天馬行空、不著邊際的誇張言詞。

Pearce-Pratt 系列實驗

透視是指隔牆隔物看到隱蔽物或圖像的能力，這方面的最有名的實驗是 Pearce-Pratt 系列實驗。

美國杜克大學（Duke University）的萊茵博士（Rhine. J. B.）曾於一九三四年使用五種卡片，被稱為超感測試卡、ESP卡、齊訥卡片（Zener card），每種卡片上各有一個簡單圖案：圓圈、方框、十字、流水、星形。

利用這五種卡片，他與當時的助手普萊特博士（Pratt. J. G.）針對一位自稱有透視能力的學生彼爾斯（Pearce, Jr. H. E.）進行了一系列實驗。

實驗在一九三三年八月和一九三四年三月之間進行了三十四次，每次實驗用五套卡片（共二十五張）。

普萊特先把手中的卡片洗亂，有圖案的一面朝下，請彼爾斯「看」這些卡片的圖案。就這樣每分鐘一張卡片，直到二十五張卡片全部用完。

統計結果表明，在總共的七十四輪實驗，一千八百五十次透視中，彼爾斯答對率超過30％，測中五百五十八張，亂猜只能說中三百七十張（20％），在統計學上遠遠超過或然率，顯著水平達負的二十二次方。

這一實驗曾在心理學界得到重視，萊茵博士也因此被譽為現代實驗心靈心理學之父。後來的許多實驗卻無法重複萊茵的結果，顯示這種透視的能力忽隱忽現，且比亂猜好一點而已，大家想想看，比20％好一點的30％，對現實有何幫助？

遙視的實驗

曾有一位學者在巴黎，擔任發送者，集中精神想像一個玻璃漏斗，另有兩名接收者在紐約。

結果一個接收者畫出了一個水果盆，形狀像公鹿的角，另一位接收者直接畫出了一個漏斗。

這個實驗在超心理學界很有名，只是缺乏嚴謹的統計數據，譬如多安排幾次發送，以算出命中的機率。

如果吸引力法則是真的，信徒在發出願望的時候，願望應該出現在別人的心中，並誘導別人跑來襄助自己一臂之力。

問題是，即使在別人的心中出現財富的畫面，他又怎麼知道是誰發出來的？就算知道是誰發出來的，又怎麼知道是叫他送錢去，而不是其他人？

所以，我還是懷疑吸引力法則的真實性，大家以為呢？

超感知覺與土著

曾有學者強調，現代文明人的超感知覺（超能力）比原始人差，是因為現代教育的關係，真的嗎？

澳洲的一位學者曾針對當地 Woodenbong 土著進行 ESP 卡的測試，出現了有趣的結果。

ESP 卡是單面印有十字、流水、正方形、星星、圓形等五種圖案的卡片，通常翻過來放在桌上，讓人看不到圖案，以便測試透視超能力。

澳洲土著的測試成績如下：三十二名受試者歷經了二百九十六輪（一輪使用一套二十五張卡片）的測試，有二百二十六輪比亂猜的成績好。

有一次測試十二名受試者，平均每輪的命中率為十張，機率高於亂猜的五張甚多。

土著不會現代魔術，比現代人單純，參與這種實驗應該沒有作弊或受到暗示的問題。

二十五張命中十張，等於40％的成功率，高於亂猜的20％（二十五張命中五張），最強的土著不過爾爾，現代文明人呢？

吸引力法則鼓吹的是意念如果專一，要什麼就有什麼，土著都做不到了，超能力比較差的現代人就更甭提了，所以大家務必擦亮眼睛，不要被哄騙了。

有名的遙視實驗

著名的美國物理學家塔革（Russel Targ），曾對一位受試者進行遙視實驗，值得一提。

塔革先選定一百個景點，都在實驗室附近，然後隨機找出一個，請人開車到那裡並逗留十五分鐘，仔細欣賞風景。

接著請受試者感應開車者的腦海印象，以筆畫下來或說出來。結果在九次測試中，有七次完全命中，令人驚訝。後來塔革又進行多次實驗，總計二十八次測試，有十五次取得成功。最妙的是，塔革有十八次實驗未公布，竟有八次在統計上有意義。由於成績不錯，美國政府還出資贊助，名為星門（Stargate）計畫，目的是研究超能力在情報方面的應用。

後來星門計畫因效果不彰而喊停，顯示超能力是偶發現象，根本無法用在實際生活中，更不如科學的情報偵查手段，吸引力法則的誇大說法，大家還願意相信嗎？

另一個遙視實驗

這個實驗也相當有名，一位美國受試者，試圖感應一位德國實驗者的腦海印象，成績也不錯。

德國實驗者每天在四十個景點中的一個逗留，連續進行十天，等於逗留了十個景點。結果顯示，美國受試者感應的成績，其出現的機率為百萬分之一。

由於受到懷疑者的批評，後來請完全不知情的人來評斷是否命中，成績仍然差不多。

關於遙視的各種實驗，常常出現互相矛盾的結果，顯示超能力是若隱若現、難以捉摸的，即使成功，也只是比亂猜機率高一些，絕非吸引力法則所宣稱的那麼神奇。

派柏夫人的事蹟

史上最出名的靈媒，被美國心靈研究會一再研究的派柏太太（Leonora E. Piper，一八五七～一九五〇），我舉個例子給大家看看：

薩維奇是一名超心理學家，他曾教女兒帶著三束頭髮，去測試有名的靈媒派柏太太，請她說出三束頭髮的主人姓名為何。

結果在撫摸頭髮之後，她說出正確的答案，還說其中一人為何只剪下沒生命的髮尾，而不是髮根，事實也真是如此。

在另一次通靈會場合中，她對一位有敵意的醫師說，他（醫師）有四個小孩，其中十三歲的女生有大眼睛，某眼上方還有疤。他的跛足兒子不太乖，只好送他去學校讀書。還說醫師的消化不良，喜歡喝熱水，有一次差點溺水。

那醫師本來非常懷疑派柏太太是騙徒，聽了以上的描述後坦承幾乎全說對了，除了女兒沒有跛足以外。

沒想到醫師第二次去見派柏太太，派柏太太承認自己說錯了，醫師女兒的殘障在耳朵，不是腿。醫師非常驚訝，因為他女兒真的發過燒，現在已重聽了。

還有一次，派柏太太摸著來訪者帶來的手錶說：你的兩位叔父小時差點淹死，曾在田裡殺了一隻貓，並非常寶貝一個蛇皮。

來訪者不知道這些事的真假，遂向手錶的主人，也就是他的叔父求證，結果真的發生過那些事。

當然，懷疑論者會說這些事未經科學查證，也可能是派柏太太的運氣好猜對了，或事先探聽過，我也不置可否，羅列出來給大家參考參考吧。

值得注意的是，史上最厲害的靈媒，其心電感應也會出錯，可見吸引力法則所言之神奇力量，根本不可能存在。

李納德夫人的「書籍測驗」

除了派柏夫人外，另一位顯現超能力的靈媒，是英國的李納德夫人（G. O. Leonard，一八八二～一九六八）。

她最膾炙人口的，是一種叫「書籍測驗」（book test）的實驗，過程是當她進入恍惚狀態後，由背後相關的「亡靈」說出在某個書架上，第幾層的第幾本書，書中的第幾頁第幾行上有那一句話，而那一句話是與亡靈或當事人相關的話，或是亡靈要傳達給當事人的訊息。

在一場降靈會上，有一個據說已陣亡的年輕軍官，透過李納德夫人傳話給他父親，他說：「進到客廳，在門右邊的書架上，第三層，從左邊往右數第九本書，在第三十七頁開頭有一句話。」

結果，他父親依言在客廳右邊的書架上，找到一本書，書名為「樹」，在第三十七頁的開頭，有一句話：

「有時候，在木頭上，可以發現一些很奇怪的痕跡，是一種甲蟲鑽的，對樹的危害很大。」

原來是這位陣亡軍官的父親對森林非常有興趣，尤其對「吃樹的甲蟲」有強烈偏好，曾經是家人的笑柄，這位年輕陣亡軍官的「靈魂」，似乎可以感應到父親的心靈。

也有一個婦人參加降靈會，她的亡夫傳話給她說，請她在家裡的書架上找一本書，並說這本書不是印的，而是用手寫的，書面是暗色的，書裡有一張摺疊表格，並注意第十三頁的一句話。

這位婦人根本沒看過這本書，因此不以為意而隨便敷衍幾句話，但回去後還是依言找了一下，結果真的找到了一本舊的黑色筆記本，是她亡夫的遺物，筆記本裡真有一張摺疊表格，而筆記本的第十三頁，恰好記錄了一本名為《死後》之書的內容。

以上事蹟當然可能是李納德夫人事先打聽來的，但萬一不是，就值得探討了，心電感應加上透視現場的訊息，似乎是存在的，但這種事蹟極為罕見又盡是雞毛蒜皮的日常小事，與吸引力法則所謂的動用宇宙的力量相比，實在是小巫見大巫，差多了。

我的經歷

有一次，我開玩笑地逼問一位修行境界頗深的朋友，光會講道不會神通是不行喲！在勉為其難的情形下，他說有一位女藝人將於近日被殺。當時我沒在意他說的話，不當一回事。

沒想到三日後，一位在胡瓜節目中的星座女專家（姓陳）真的被殺，我大感吃驚，跑去問朋友，你有看到藝人的面貌嗎？我想比對看看。

朋友的回答更怪，他說沒看到面貌，只是一個女藝人被殺的概念閃現腦際而已，也不認識那星座專家。

沒有畫面，居然可以比有畫面還準，真神！

當然，也可以說我朋友好運猜中了，但女藝人被殺是常發生的事嗎？猜中的機會應該很低吧？

或許兇手的意圖在犯案前，被我朋友心電感應獲知了，但知道這個有何用？不懂。吸引力法則卻認定心電感應與念力很有用，我很懷疑作者到底對超能力了解多少？

自己創造自己的實相？

實相一詞源自於英文：reality，本意是真實的事件，所以自己創造自己的實相的意思，等於吸引力法則所強調的，一切發生在自身的事件，全是內在的意念吸引來的。

當初翻譯成實相的人，可能參考中國的古老觀念：「相」由心生，境隨意轉。相由心生是很有道理的，但自己創造自己的實相就有待商榷了。

這句話是修行界常使用的話，我以前也非常相信這種說法，現在已不同意了，理由如下：

人的出現不過數百萬年，生命的出現也只有數十億年，宇宙有一百三十七億歲耶，在生命或意識尚未出現之前，宇宙是誰幻化出來的？所以，根本說不通！

正確的說法是，宇宙的「表相」才是人心幻化出來的！

由於人腦的結構都差不多，所以我們看到的都大同小異，但蜜蜂看到的畫面就不一樣，因為牠們可以看到紫外線。

將宇宙全部說成是我們的意識投射，那外星人的意識擺在什麼地位呢？

依照物理學的定義，原子內部非常空曠，原子核小得可憐，電子更是微不足道，所以宇宙的真正樣子應該是空空如也，我們卻解讀成花花世界，可見我們的意識幻化出宇宙的表象而已。

許多變數會影響真實事件的發生，除了個人的意念以外，運氣占了不小的地位，吸引力法則信徒將運氣也歸因於意念的吸引，我並不認同，連超心理學裡的念力（psychokinesis）也沒那麼大的能耐。

不過，自己創造自己的實相，若改成自己創造自己的「心態或心境」，就非常有理了，所謂境隨意轉嘛。

正面的意念當然是正確的生活態度，但不可能沒有負面想法，心理學上有個說法叫做

「壓抑」，將負面意念強力壓入潛意識中，可能會造成心身症，豈可不慎。

還不如採取「接受」的態度，接受自己是個凡人，好思想或壞思想都有，若將自己捧成聖人，等於給自己壓力，這樣活著是很難過的。

所謂「謀事在己，成事在天」，將勝利成功看得太重，將有輸不起的壓力，遊戲人生嘛，認真的態度只能用在過程，不能用在結果呀！

祈禱有用嗎？

維多利亞時代的高爾頓假設，如果祈禱真的有效，比多數人禱告更久更認真的神職人員應該會比較長壽才對。他廣泛分析《人物辭典》裡的數百筆資料，結果發現神職人員其實比律師與醫生短命，這讓極為虔誠的高爾頓不禁懷疑禱告的力量。

有人曾在美國的醫院選了一千八百名心臟病病人作實驗，這些人全部要進行冠心繞道手術。這一千八百名病人分為三組：一、有人為他們祈禱，而他們不知道有人在旁替他們祈禱。二、沒有人為他們祈禱，他們不知道無人為他們祈禱，此即「控制組」。三、有人為他們祈禱，而他們知道。

誰為這些病人祈禱呢？有三所教堂的教友被安排為他們祈禱。祈禱者不認識病人，也不會去探訪病人。祈禱者被告知病人姓名，以便在祈禱時有個「標的」。最後結果揭曉，令人大吃一驚：

有人代為祈禱的病人，跟無人代祈禱的病人，情況沒有差別。換句話說，兩批病人的康復率及健康程度相似——祈禱並沒有效用。

至於第三組病人——也就是被告知有人為他們祈禱的病人，則表現出反效果，出現併發症的比率反而高，康復速度比無人祈禱的人更慢。

這群學者提出的理由是：Performance Anxiety，也就是知道有人為你祈禱，你就有精神壓力，反而讓病情變差。

換句話說，知道有專人為自己祈禱時，會這樣想：「天啊，一定是我的病好嚴重，不然怎會無端端有人替我祈禱呢……嘩……好可怕呀……」這樣想，病情當然變差啦。

這個實驗有個問題，第一組的病人應該再分為兩組，一是在手術過程中有人祈禱，二是手術過程前或後有人祈禱，因為據說在昏迷的狀態下，祈禱的力量才能生效，可惜沒做。

同理，吸引力法則會有效嗎？我很懷疑。

尼娜・科拉金娜的作弊

尼娜・科拉金娜（Nina Kulagina）是前蘇聯最著名的特異功能者，號稱從未被抓到作弊，目前網路上充斥著她過去的各種表演，曾被認為是世上最偉大的念力（psychokinesis）表演者。她也號稱擁有無眼視覺，類似手指識字。

在諾莫夫等科學家設計的實驗中，她可以在一米八以外，將實驗容器內生雞蛋的蛋黃和蛋白分開，然後又將它們合攏，真實性值得懷疑。

結果在一次念力測試時，被逮到作弊：

他們一開始並未防範偷窺，後來才嚴格管制；稍後便逮到她用透明線和藏起來的磁鐵表演念力，還被刊登於《科學美國人》雜誌一九六五年三月號，五七－五八頁。

以上出處：《看看這個不科學的宇宙》（*Are universes thicker than blackberries?*）一書，Martin Gardner 著，遠流二〇〇六年出版，第六十三頁。

世上最強的念力異能者居然作弊，傷透了多少粉絲的心，到底還有什麼念力表演是真的？我很懷疑。

隨機數（據）產生儀（器）1

心理學家們曾利用現代電子技術設計了高速隨機數據發生儀（High-Speed Random Number Generator），用以測試人的念力。

該儀器的電子元件以每秒產生一千個隨機數據的速度運行，據說具有念力（心靈致動）的人，可以影響隨機數據發生儀的數據分布狀況。

為了讓實驗結果比較正確，在無人的情況下，隨機數據發生儀產生的數據被連續二十天記錄分析，確定其隨機程度，然後與經過意識作用的數據進行比對統計與檢驗。以下是過程與結果：

「在一九五六至一九八七年中，就有六十八位科學家對普通人的意識和隨機數據發生儀之間的互動進行了八百三十二項實驗。所用的工具是由商用信號器（Elgenco#3602A-15124）驅動的微電子隨機數據發生儀。

最初十二年的實驗中，九十一位沒有任何特異功能的成人參與了實驗，積累了二百四十九萬七千二百輪的實驗數據。

科學家們將每種意圖下的數據進行了統計，計算了數據分布的平均數、標準差、標準數（z score）、偏離理論分布的程度、置信區間、顯著性。

當受試者被示意使儀器產生多於理論分布的字節數時，儀器便產生得多；反之則產生得少。兩種數據分布與對照組織之間的差異，達到了6.99X10-5 的顯著水平。

綜合分析所有數據後，實驗數據分布與離理論分布的差距竟達七個標準差，這意味被測試的意識能毫無疑問地影響數據產生的模式。看來，普通人照樣能以意識作用於物質，只是我們平常不易察覺而已。

總體來說，男性比女性對儀器的作用更強。九十一人中，有66％的男性被試者能使數據朝預想方向分布，而只有34％的女性能顯著達到目標。」（摘錄自吳淵的文章）

我的看法是，宇宙射線或太陽突然射來的粒子，都有可能影響儀器的數據分布，實驗者應該完全去除這些環境因素，譬如對照一下太陽黑子的觀測報告，才能下定論。

隨機數（據）產生儀（器）2

動物星球頻道的「動物擂台：十大迷思」節目，曾提到普林斯頓大學的工程與奇異現象研究所，他們花了二十五年研究心靈可否影響物質，值得一提。

他們有一個電子式錢幣轉動器，可在電腦螢幕上產生相等數量的錢幣正面或反面，通常是隨機的，宣稱是亂數產生器的一種。

實驗方式是請受試者以意念來左右正面或反面的次數，等於是干擾電子的隨機運作，類似的實驗還有以意念來影響噴泉的高度，或影響機器人的行進方向等。

實驗室主管布蘭達杜恩說，結果引發的疑問跟答案一樣多。目前沒有發現劇烈變化的結果，但在長時間且有大量資料的基礎下，發現了微小的變化，在統計上有顯著的意義，顯示心靈可影響物質，但他們無法解釋原因。

目前科學上尚無公認的亂數產生器，實驗結果尚待日後證實，吸引力法則卻大談心靈可以影響巨大實物譬如錢財鈔票，與科學家研究的電子相比，尺寸差太多了，《秘密》作者的胡謅能力令人大開眼界。

大傘藻實驗

以下文章摘錄自《念力的秘密》一書：

「大傘藻可說是大自然的妙造，最長可到兩英寸，然而卻是一顆單細胞生物。

我們的實驗致力於影響大傘藻的光子放射量，而它的光子只能從身上唯一一個細胞核放射，所以擺動幅度必然非常微小。擺動只要稍為增加或減少，即可以相當程度地肯定，那是受到來自我們的遠距念力所影響。只有仰賴這麼簡單的生命系統，才可以毫無爭議地證明變化是出於念力的影響，而不是來出於其他幾十種可能性。

光子擴大器，它們形狀像個現代化大盒子，與計算機聯機，可以計算光子的數目。

我們發送的意念只包含兩部分內容，一是減少每個實驗對象的放射光子數，二是增加他們的健康和健全。

我要求參與者每發送十分鐘意念給四個實驗對象後，就休息十分鐘，然後再發送十分鐘。換言之他們每一小時會發送二十分鐘意念。對象是大傘藻、腰鞭毛蟲和青鎖龍。

與對照時段相比，三種生物體在實驗時段的放光量都顯著減低。在大傘藻的情況中，我們的念力讓光放射有五百七十二次低於常態，只有二十九次是高於常態。」

我的意見還是一樣，必須完全去除太陽突發粒子的影響，而且必須解釋高於常態的原因，才能做出結論。

這麼微弱的念力，反而說明吸引力法則的誇張言詞，是多麼不可信呀。

全球意識存在嗎？

以下文章也摘錄自《念力的秘密》一書：

「有證據顯示，當一群人全都聚精會神時，一樣會對隨機事件產生器的輸出產生重大影響。

一九九七年，在世界各地安裝了多部隨機事件產生器，為了進行這個後來被稱為『全球意識計畫』的方案，尼爾森建造了一個中央計算機系統，讓分處世界的五十部隨機事件產生器把數據透過網絡源源不斷輸入中央系統。

在九一一恐怖攻擊期間，三十七部隨機事件產生器突然出現數據，在第一架飛機撞上世貿大樓之前幾小時，它們的輸出模式越來越相似。

雖然不是每位分析者都同意這些結論。但權威物理學期刊《物理學基礎快報》經過審核後，還是願意把實驗結果的摘要刊登出來。

但來自『全球意識計畫』的數據有一個嚴重限制：不管測量有多精確，仍然只能反映出群體的專注程度。」

我的意見是，既然環境因素無法完全排除，實驗結果仍是可疑的，而且另外十三部隨機事件產生器為何沒有反應？

念力可以瞪死山羊？

以下根據英國《每日郵報》與《每日快報》的報導：

「上世紀七、八〇年代，美國軍方曾秘密研究穿牆術、隱身術、千里遙感術。美國軍方還夢想炮製出能靠『意念』殺人的完美刺客，據稱一名『通靈士兵』用意念力殺死了一隻山羊。

用意念殺人的研究計畫被稱做DMILS（對活物的直接精神交感計畫）。美軍在北卡羅萊納州布拉格堡的研究基地運送了一百隻山羊，讓一些士兵和山羊進行對視，嘗試用『意念力』來殺死它們。

一名『通靈大兵』喝了一杯咖啡，並將『意念力』集中在『17號』山羊的身上後，這隻山羊突然倒地抽搐死掉了。

據說血從山羊的鼻子中滴了出來，它的嘴中也開始口吐白沫，然後它倒在地上，抽搐著死掉了。

後來這些『通靈部隊』的絕密內幕被英國作家瓊・羅森寫成了暢銷書《凝視山羊的人》，好萊塢也將這一匪夷所思的故事搬上了螢幕。」

我的看法是，該山羊正好因某病發作吧？為何沒請獸醫查明病因呢？如果沒寫出死因，硬說是念力的傑作，豈不太草率了嗎？

維基百科的文章

以下是維基百科的摘錄文：

「一九七九年三月十一日，《四川日報》通訊員高琪、丁先發，記者張乃明報導：大足縣最近發現一個能用耳朵辨認字、鑑別顏色的兒童唐雨。四川醫學院的專家對唐雨進行了一個星期的測試，由吳家文、劉協和、劉安負、陳開俊四位醫生共同簽屬的報告有以下的內容：

『總的說來，唐雨弄虛作假的手法是比較快的，基本上採取了魔術師的那一套……

根據以上調查觀察，證明唐雨的耳朵不能「識字」。耳朵只能接受聲波傳遞的信息，不能接受文字傳遞的信息。這類科學知識有必要在群眾中加以普及。』

中國科學院心理所專家對北京石景山自稱有特異功能的兒童姜燕進行了科學測試，發現姜燕多次作弊，實驗結果表明，『所謂姜燕「用耳認字」完全是假的』。

蘭州大學生物系生物物理組從一九八〇年四月到一九八一年十二月，用了二十一個月的時間，對二千八百三十二名兒童作了三萬二千七百四十個樣本的普查，積累了三千份資料。結論是：

在我們所實驗的二千八百三十二名兒童中，無一人具有非視覺器官辨認圖像的『特異功能』者，因而非視覺器官辨認圖像的機能帶有一定程度的普遍性的論點是沒有嚴格的實驗根據的。」

大家看完後有何感想？我覺得足以說明，這種超能力必須存疑，否則很容易上當，甚至被兒童欺騙！

手指識字的疑點1

台大李校長曾做過手指識字的實驗，請矇眼受試者用手指觸摸折疊好的紙團，在幾十秒到幾分鐘內「看」到紙團上用彩色筆所寫的字或所畫的圖案。當初鬧得沸沸揚揚，網路上已有太多資料，這裡不再介紹。他推崇高橋舞小姐具有最強的透視力，卻被其他人抓到兩次作弊。（http://novus.pixnet.net/blog/post/21690675）

我覺得李校長很可憐，被魔術師耍得團團轉，卻渾然不知他開的手指識字班裡的學生，已透露出真相。

一九九六年起他利用暑假開手指識字訓練班，每次訓練四天每天兩小時，結果三年來訓練了六十位六到十四歲的小朋友，其中有六位小朋友出現了「手指識字」的功能，約占10%。

他的學生應該不會耍魔術，雖有一些人會手指識字，但成功率據說只有兩成，這才是超感知覺的真相——難以捉摸、偶然出現又無法排除巧合！

值得注意的是，李校長的學生雖有人出現兩成的成功率，但只限於偶發情況，無法一直保有這樣的識字率。

如果可以維持固定的識字率，早就飛到美國拿走一百萬美元的超能力挑戰獎金了，還留在台灣摸紙團幹嗎？

手指識字的疑點2

有網友提出疑問，我一一回答如下：

1.高橋舞怎可能在眾多台大教授的監看下作弊？

答：魔術師在眾多觀眾的監看下，也施展戲法，誰看出破綻了？只有魔術師，甚至魔術協會，才有能力破解魔術表演，科學家不但無法破解，還被魔術界笑稱為最容易上當的社群。

2.十幾歲的小孩怎可能騙台大教授好幾年？

答：劉謙在七歲時學魔術，九歲時就當眾表演非常厲害，十幾歲的小孩還用說嗎？已有十歲小孩奪得世界魔術大賽青少年組冠軍了，當今世上最年輕的魔術師只有四歲！

3.超能力雖與魔術的結果雷同，不代表過程雷同吧？

答：話是沒錯，但萬一有魔術師冒充超能力者，難道不可以破解，任憑他騙財騙色嗎？

4.萬一將超能力者誤解成魔術師，豈不冤枉？

答：絕大多數的超能力者都是魔術師，極少數才是真的，但這少數只能偶爾出現超能力，不可能在眾人面前輕鬆表演成功，很難被冤枉，所以不必多慮。

5.超能力者偶爾作弊，不代表其他表演都是假的。

答：話是沒錯，但也不能保證其他表演都是真的吧？所以，為了保證研究數據的正確性，勢必排除作弊者的數據，這是無可厚非的。

6.李校長的論文都沒有價值嗎？

答：還是有價值，由於高橋舞的部分全部有問題，她的近百分之百命中率資料全部不能算數，而另外三個小弟妹的近20％命中率資料才算數。所以，李校長的論文必須全數刪除高橋舞的部分，剩下的才是真正的精華，譬如：

「王小妹妹經過一年半一百九十二次的實驗，我們發現她認字的機制大體與第一位（高橋舞）類似，但在生理上卻與第一位不同。例如王小妹妹看到屏幕時中腦動脈血流量並未有大幅波動，手上僅偶然量到電壓脈衝。她屏幕停留在腦中的時間很久，有時甚至不會消失。但是在信號之傳遞上例如看從紙面反射之信號則與第一位女孩幾乎完全一樣。」

只要刪掉高橋舞因緊張作弊而引起的腦動脈血流量與手上電壓脈衝大幅波動資料，保留屏幕停留在腦中的時間很久、從紙面反射之信號這部分，就是正確的。

面對非凡的現象，必須要有無可挑剔的非凡證據。所以，有道德疑慮的受試者，必須接受不斷的質疑與挑戰，不能像李校長這樣，毫不猶豫的將可疑資料納入信息場的理論架構內。

另外，歡迎點閱網路影片，保證收穫滿懷，不再輕信超能力的誇張宣傳，關鍵字：「魔術師之終極解碼」。

網友又曾提出一問：高橋舞的骿胝體在識字時有異常反應，我認為與努力作弊有關，因為骿胝體負責左右腦溝通，若有大量反應，代表在努力用腦，試圖以手指上的液體，努力將紙團上的圖文印到手指上，以便拿出來偷看……。

手指識字的疑點3

李校長曾表示，迄今已有一百七十三位學童完成全程四天的訓練，共有四十一位具「手指識字」能力。

他曾於二〇〇二年在台灣舉辦的第一屆國際整體醫學研討大會上發表演講，強調手指識字能力是一種可以被訓練且普遍存在的特異功能，只是隨著年齡增長，超感官知覺功能會逐漸消失，大約十四歲以後，就喪失這項先天具來的潛能。（http://sun33566.vsp.tw/article.php?id=182）

這個資料很重要，因為十四歲是國中教育的開始，曾有學者強調，現代文明人的超感知覺（超能力）比原始人差，是因為現代教育的關係，真的嗎？

前面曾提過澳洲土著40％的成功率，高於亂猜的20％，最強的土著不過爾爾，其他土著的成績也只是比現代文明人差不多或略好而已，顯示特異功能與現代教育的關係有限。

可惜李校長未深究十四歲關卡的問題，反而一再強調超過十四歲還非常厲害的魔術師高橋舞的研究資料，非常可惜！

手指識字的疑點4

（http://sclee.ee.ntu.edu.tw/english/mind/humandoc/the%20connection%20model%20between%20keywords%20and%20information%20field%20.pdf）

以上論文的討論有些問題，羅列如下：

1. 高橋小姐在看由藏文、希伯萊文及緬甸文所寫之神聖字彙時均看到異像，而她本身並不認得這些文字之意義，因此異像之產生與大腦之認知能力無關，並非大腦產生之幻覺，而是接受了外界對應文字之信息，這表示身體之宇宙中是有一個信息場存在。

我的意見：高橋很可能作弊偷看，既已知道要測試神聖字詞，當然在看到陌生字詞時，需宣稱有異像以展現自己很厲害嘛。

2.手指識字的正確率以高橋小姐最高，王小妹妹第二，陳小弟弟第三，徐小妹妹殿後。由高橋及王小妹妹實驗結果來看，「佛」字被改變成「佛」或破壞屏幕中異像就會消失而出現文字，好像這些神聖字彙就是網際網路上之網址，網址一被改掉就無法聯上對應之信息網站一樣。而信息場似乎就是由各種不同的信息網站組成，各有首頁，功能人在用手指識字看這個神聖彙就好像在click這個網址，一旦聯上就把首頁信息取回在大腦屏幕上呈現。

我的意見：很明顯，除了高橋以外，其他小朋友的結果比較可信。東方人在看到佛時，都有發光的刻板印象，不是什麼信息網站關鍵字。

3.徐小妹妹及陳小弟弟均能看到「佛」字，但在看「藥師佛」、「彌勒佛」或「阿彌陀佛」時均看到亮光亮人，出現異像，這表示大腦與信息網站之聯接與小朋友本身之功能有關。兩位小朋友功能較差，click「佛」字卻聯不上「佛」之網站，表示大腦之認知能力較差，好比網路之瀏覽器版本較舊，抓不到網站上新版本之信息一樣。而「藥師佛」、「彌勒佛」或「阿彌陀佛」信息網站上之信息新舊版本均有，因此不論小朋友功能高低均可聯上。而「佛」的信息網站似乎更新很快，需要高功能新版本的瀏覽器才能閱讀。

我的意見：每個人對佛的觀感不一樣，剛好徐與陳兩位小朋友對那三種佛特別有印象，所以有發光的異像，與什麼瀏覽版本無關。

4. 由繁體字及簡體字神聖字彙所造成之反應來看，簡體字在中國只有五十年之歷史，比不上繁體字近二千年之歷史，因此繁體字的神聖字彙似乎與對應之信息網站聯繫較為通暢，但由於實驗數據較少還不能得出肯定之結論。不過以英文名字來測試舊約聖經的猶太人先知，都顯出一致相同的反應，就是屏幕英文字出現周圍也有一些亮光，表示字與對應信息網站之聯繫仍然存在，但是似乎較為局部，管道不夠通暢，頻寬不夠。由此可得初步結論，傳統神聖文字改變會減弱天人合一之聯接管道。神聖字彙之小幅度扭曲會導致發光的屏幕變成正常不發光的屏幕，但是文字仍然無法看見，而是在屏幕中看到遠遠的有一排字看不清楚。再大幅度之扭曲當然導致清楚的文字出現在正常的屏幕中。因此在信息網路的世界中，不同種類的文字仍然可以聯接對應之網站，但小幅度的扭曲網址，則會嚴重破壞聯接之管道。

我的意見：台灣人對簡體字與英文的熟悉度，不如繁體字，當然在手指識字的反應中，會有較差的結果，與什麼神聖網站無關。

超能力可以穩定發揮？

每次我提到特異功能與巧合無法區分，就會有「大師」跳出來反駁，他們說在經過適當的鍛鍊之後，超能力可以穩定發揮，甚至到達百分之百的成功率，絕不是巧合。

我反問他們，為何沒人領取 Randi 的一百萬美元的超能力挑戰獎金呢？Randi 是一位魔術師，懸賞在他面前表演超能力成功者，可領取價值一百萬美元的紐約市債券，歷經數十年無人成功。

大師們說：充滿敵意的挑戰譬如 Randi，會使他們的超能力無法發揮。

我反駁說：那是因為過程嚴謹，無法作弊。

大師們說：作弊只是偶然的行為，因為一直表演會累，超能力會減弱，眾人又高度期盼，只好作弊。

我反駁說：為何作弊的手法媲美魔術師？每天冥想鍛鍊超能力都來不及了，怎有心機偷學魔術技法？還學得那麼好，目的何在？

大師們：……（無言）

特異功能並非完全不可能，而是在科學的檢視下，排除騙術與魔術之後，無法與巧合區分，這是目前的現實，許多大師卻有意無意的忽視這樣的現實，還在做白日夢，以為超能力無所不能，頗令人浩歎！

超能力偏見

最近看了《魔術師教你詐》（時周文化出版，二〇〇九）一書，介紹外國某大學心理學課的學生，曾分成三組，分別欣賞魔術師表演。第一組在看表演前，先告訴他們，魔術師是超能力者；第二組則告訴他們，魔術師是業餘魔術表演者；第三組則告訴他們，魔術師完全沒有超能力。在看完表演後，第一組有77％的人相信魔術師是超能力者；第二組沒有數據，但比77％少；第三組有58％的人相信是超能力。可見一般大學生真正有懷疑精神的，只有23％；而已經表明魔術師沒有超能力，卻還是偏見作祟的，居然有58％！難怪神棍想騙人還真容易，外國大學生裡面的58％就是待宰肥羊，兩個人就有超過一個人是易上當者，國內應該差不多，搞不好更多，唉！不知大家做何感想？

頭彩的背後

曾有一位在台北市擔任金融業主管的男子，在看過《秘密》後，花了兩百元買四注大樂透彩券，結果自己選號的彩券中了一億元頭獎。

另一位民眾獨得大樂透九．三億頭獎，也說自己是《秘密》忠實讀者，靠著祈求好運並加上參考前十期號碼後中了頭獎。

大家想想看，彩券都是先買了放著，等開獎中心的彩球跑出號碼，才有可能命中頭獎，彩球那麼大顆，怎麼可能有六顆（大樂透為例）都遵照念力跑出想要的結果？更有頭獎得主連自己的號碼都不知道，糊里糊塗就中獎呢。

請頭獎得主們做實驗，可以馬上證明我的說法是對的：在下一期開獎的時候，請他們對著開獎機發出念力，看看可不可以跑出他們想要的號碼？我敢說，幾乎不可能跑出六顆一樣的號碼，搞不好連一個號碼都沒中！

科學家研究念力已二十五年了，結果非常微小，本書前面已有文章介紹過，《秘密》一書將成功歸因於念力，即使不正確，由於鼓勵積極向上，倒也無需在雞蛋裡挑骨頭，但樂透牽涉到無生命的彩球，我寧可相信中大獎是運氣好，與念力無關。

若以機率巧合來判斷，目前已經有兩個成功的案例，他們是否真的比較容易中獎呢？參考第 093001 期至第 099000054 期大樂透的資料，這段期間出現了二百五十七位頭彩得主。所以，這些得主之中有兩位讀過《秘密》，不會奇怪吧？別忘了，《秘密》曾是暢銷排行版的冠軍呢。

如果所有相信《秘密》的人都沒中過頭彩，才是奇怪的事，我說的沒錯吧？

念力只對自己有用

曾有清華大學的學生做過實驗，找了一百名高中生，當他們說出「我愛你」時，發現有九十二人會有「胸口溫熱」的生理變化；說出「我恨你」時，有七十五人胸口有刺痛感；說出「偉大、完美、博愛、和平」時，有四十六人心中有遼闊的感受；說出「懦弱、殘破、自私、毀滅」時，有五十一人感到很「悲傷」。

一名英國小學女校長在五個月的時間內，成功減肥近四十公斤，方法是被催眠以為已動手術安裝胃束帶，令人嘖嘖稱奇。

這名五十九歲校長先看完真的胃束帶手術影片，再由治療師以深度導引的意象，將一條想像的胃束帶環繞在校長的胃部，形成一個大小如高爾夫球的袋子。

結果在短短的五個月內，她的體重驟降，衣服的尺碼也小了五號，甚至原本的糖尿病也消失了。

但另一項研究顯示，請超重者聆聽幫她們減肥的潛意識錄音帶，結果與沒聽的對照組差不多；另一項研究，請警察聽號稱二十週可以改善槍法的錄音帶，結果也與沒聽的對照組沒兩樣。

可見，自我催眠發出的念力，是因人而異的，而且只可能對自己有效，對別人下指令是無效的。

如果對別人無效，對「神秘的宇宙無限力量」下指令就更不可能有用，而人類社會是群居的世界，別人沒有受到指令的感召，如何跑來幫助自己成功？

外氣存在嗎？

氣功師常常說，他們可以發出外氣，到底是真是假？

關於內氣，我不討論，因為已有許多文章討論過，目前仍無共識，但外氣就值得商榷了，曾有一名氣功研究權威說：外氣根本不存在！

記得很多年前，一位美國的催眠大師來台，接待者竟是國內著名的氣功師，讓人搞不清楚兩者的關聯。

我曾在電視節目中遇過一位氣功大師，他可以隔空感應與搖晃別人，隔牆也可以，他的徒弟常被他的外氣震得東倒西歪，於是我提個建議，找個陌生人在牆後讓他發功，事後他說在牆後的人的上半身有寒氣……。

事實上，我安排製作單位清空牆後任何人，也就是牆壁後面根本沒有人！那氣功師不是騙子，只是他不知道他的徒弟被他催眠了，以為換成別人也可以……。

Discovery 頻道曾播出一位武術大師，宣稱可用外氣推倒人，他的徒弟當場全部跌倒在地，結果找了個懷疑論者一試，完全紋風不動。大師居然說，懷疑論者的腳拇趾往上翹，就可以抵抗發功，製作單位為了顧全他的面子，沒再戳破謊言。

結論：外氣是不存在的，即使念力（心靈致動力，**psychokinesis**）真的存在，也不是以外氣做為媒介，許多發出念力的人根本沒抬起手臂。至於催眠師常常張開手掌作發功狀，其實是不必要的，因為催眠的媒介是催眠師的聲音，不是外氣。

外氣另一章

我在醫院工作時，常常跟著科主任學習，曾有一位患者的遭遇相當離奇，值得一談。

他是四十歲左右的男子，罹患「突發性耳聾」，單側耳朵突然因為病毒感染（只是猜測）而聽不見。

他已看過不少醫師，吃藥打針都試過，聽力仍無法恢復，後來跑去大陸找氣功大師也無效，才來求救於主任。

那位氣功大師的發功非常奇特，在大吼一聲後，衝向患者，張開雙手作灌氣狀，但沒觸碰身體。當時他被嚇了一跳，聽力卻突然恢復了。

大喜之餘，他急忙搭飛機回台，卻在飛機上又聽不見了，所以只好來找主任。

基本上，我不相信「外氣」的存在，但純粹以催眠的角度來解釋，行得通嗎？

目前在文獻上的資料，顯示催眠暗示的力量，可以使腫瘤縮小甚至用儀器照不到，那麼使耳朵聽見，應該有可能吧？

說實話，我不知道如何解釋聽力短暫恢復的機制，這件事是我的親身見聞，大家可以參考看看。

我的一位好友回應得很妙：該位患者被氣功大師嚇一跳可能就是問題的關鍵，我想真正的答案可能是他並不是真的聽不見，而是純粹一時的心理因素使然，嚇一跳就如同打散了已經堆積致聾的思想根基，因而解決了病症。

我覺得是很有道理的說法，大家以為呢？

外氣的科學實驗？

曾有一位大陸著名的氣功師嚴新，接受了一些科學實驗，試圖證明外氣的存在，以下文章摘錄自清華化學系主任宋心琦教授對嚴新實驗的看法：（http://www.cintcm.com/lanmu/zhongyi_qigong/xueshu_zhengming/zhengming_yan.htm）

> 嚴新等人在清華大學做了三個實驗，第一個實驗是關於激光誘導螢光的實驗，一共做了三個試樣，有一個試樣在螢光光譜上出現了一個新的峰。根據當事人講，這個峰重複了三次，另外兩個試樣未見異常。
>
> 第二個實驗是激光拉曼光譜實驗。一共做了二十次實驗，就是連續掃描二十次，有一次和其他十九次不同（尤其是用自來水代替去離子水）。
>
> 第三個實驗是電子自旋共振譜實驗。一共有三個樣品，結果有一個樣品的電子自旋共振譜有異常。
>
> 不說異常是否真是由氣功產生的，就整個實驗的過程來說，有很多地方很不嚴格

的，因此結論的可靠性是很成問題的。

第一、樣品的採集和處理是由送樣者進行的，這不能排除非專業人員無意中在樣品中引進雜質的可能性。

第二、所有的實驗沒有未發過氣的樣品作對照組。

第三、對有異常的樣品沒有進行反覆的測量，也沒有保留下來。這樣可以隨時拿出來備查。因氣功作用後有改變的東西有兩種可能性：一是可能有永久的改變；一是改變是暫時的，那麼可觀察到其逐步的還原。

第四、對實驗結果的解釋和光譜的異常，沒有必然的對應關係，也就是不能排除儀器本身的不穩定性所造成的影響。

因此，我不能接受這樣的實驗結果，更不能相信這就是所謂的科學實驗根據。他們的實驗沒有嚴格遵循科學實驗的基本原則，因此是不足為憑的。

其實，還有許多科學家的文章質疑嚴新的氣功科學實驗，譬如〈評一組甚不科學的「氣功外氣影響物質性質的科學實驗」〉、〈嚴新在北大的氣功表演不具科學性〉、〈對「氣功外氣作用於原子核並引起放射源衰變率改」的質疑〉、〈氣功能夠遠距離傳送嗎？〉、〈一次沒有被證實的氣功碎石實驗〉、〈科學實驗要遵循一般原則〉等，所以大家不要被氣功的神效宣傳騙了。

流言終結者的實驗

曾有科學家發現，龍血樹似乎對人的思想有反應，Discovery 頻道的流言終結者，曾對一種植物「千年蕉」做相同的實驗，結果如下：

1. 當實驗者對著千年蕉發出憤怒的想像時，有35%的時間，裝在千年蕉葉片上的測謊器上出現波動圖形，在人與植物隔離的情形下，仍有28%的時間出現波動。
2. 將糖粉倒入一瓶優酪乳中，另外一瓶優酪乳裡面的腦波儀竟出現波動反應，若倒入沸水則沒反應，顯示優酪乳裡面的活菌似乎對同伴的遭遇有反應。
3. 分離出來的白血球，對主人遭受痛苦的電擊毫無反應。
4. 千年蕉在旁邊的雞蛋遭沸水燙煮時，也毫無反應。

結論是植物沒有情緒反應，28%的波動與優酪乳反應無法重覆出現，所以不能算是科學發現。

這些結果反而印證了我自創的理論：植物或微生物即使有超常感應（ESP），也是偶發的，與人類的 ESP 一樣，無法以科學實驗來重現效果。

吸引力法則的發明者應該徹底認清超常感應與念力是飄忽不定的，而且只有極微小的影響，根本不能當成宇宙的無限力量來源，不要再騙讀者了。

第二章

吸引力法則的反例

吸引力法則的基礎理論是錯的，連帶引申出來的推論都有問題，雖然有可能歪打正著，意外提出一些正確的說法，但說實話，錯的多於對的。

以《秘密》一書為例，這樣的書大賣，影響層面非常可觀，想來令人不寒而慄！

本章將討論各種關於成功的迷思，大家看完後一定會恍然大悟，原來事實的真相可能被扭曲成炫麗花俏卻離譜誇張的說法，很難一眼看穿。

恐龍滅絕

大家都知道，恐龍在很多年前已滅絕了，科學上目前的說法是一顆巨大的小行星墜落於地球，導致大多數的生物滅亡。

恐龍不像人類，沒有複雜的思想，不會想東想西，所以不會有什麼對未來的正、負面思想存在。

那麼，牠們怎會幾乎全體毀滅，只留下鳥類的祖先呢？目前已斷定，鳥類的祖先是恐龍的一支。

依照吸引力法則的推論，橫死是負面思想的一個嚴重後果，六千五百萬年前的恐龍到達空前繁盛的程度，而且沒有一隻有負面思想，居然幾乎全數暴斃？

所有生物都會死，這是大自然的定數，但被隕石殺害，依照吸引力法則，絕對有負面思想的介入，怎麼在人類身上好像說得通，卻不能適用於恐龍呢？

吸引力法則的忠實支持者可以清醒了吧？恐龍絕不是例外，而是吸引力法則有問題！吸引力法則只能適用於人際關係，所謂同類相吸、臭味相投，用在其他地方就顯得錯誤百出，窘態畢露。

這個反證無懈可擊吧？如果還不能喚醒支持者，我實在無話可說了。

躁症

另一項有利的反證是躁症患者，他們在發作的時候，將自己視同超人，以為無所不能。吸引力法則強調的是百分之百的信心，認定自己必能成功，不能有一絲懷疑，否則日後的失敗，就是這一絲懷疑造成的。

躁症患者的信心指數絕對超過大多數人，他們可以犧牲全部的睡眠來進行他們所謂的偉大計畫，一般人辦得到嗎？

信心滿滿到那樣的程度，躁症患者卻常失敗，因為他們的計畫總是與現實的差距太大，當然不可能成功。

吸引力法則一再強調負面思想是失敗的主因，看起來適用於每個人，因為沒有人沒有一絲負面思想，那麼躁症患者怎麼解釋？

他們在發作的時候，可是連一絲負面思想都沒有喔！

當然，如果強辯躁症患者的潛意識裡有負面思想，那我也沒辦法反駁了，反正無從查證是否屬實。

大家想相信我的說法，還是吸引力法則的支持者，就自行斟酌考量吧。

罕見疾病

任何人皆有正面與負面思想，只要成功，吸引力法則信徒就說是正面思想所致，如果失敗，順理成章就是負面思想所致，而世上不可能有人完全沒有負面思想，怎麼說都是他們有理，結果我又找到一個不錯的反證，可以戳破他們的神話：

大家看過罹患罕見疾病的兒童吧？他們從出生開始，就一直被病魔折磨，那是基因缺陷所致。

請問大家，那些病童有什麼負面思想？

根本連思想都還沒出現，在出生後就被病魔糾纏得死去活來，這個時候還說是病童咎由自取，負面思想作祟，不是太離譜了嗎？

很奇怪的是，每次我提到這個反證，吸引力法則的支持者就不太高興，彷彿罵他們心腸不好、不夠厚道，其實我沒這個意思。

我只是就事論事，吸引力法則既然號稱為宇宙最偉大的秘密，怎會經不起單一例子的考驗呢？

如果連一個簡單的案例都說不通，就應該在書中載明：本法則不適用於某些案例，有例外，這樣不是很好嗎？

結果為了暢銷，將法則提升至「神」的地位，好像有神力介入，不是很誇張嗎？這樣是對的嗎？大家評評理吧。

頭彩得主的心態

台灣史上最高彩金十一．二億元得主的經驗，正好是吸引力法則的反證，值得一提。新聞是這樣報導的：

> 一位少婦抱走超級頭獎，還要先生來捏她的手，痛了，才確認自己不是做白日夢！從中獎到領獎這一個多月期間，中獎人夜夜失眠，體重還掉三公斤。

大家想想看，她是頭彩史上的總冠軍，絕對有資格證明吸引力法則的功效，結果呢？她做夢也沒想到自己會中獎，與當初的期望差很多，導致失眠與體重減輕，而吸引力法則卻強調，先想好自己已經是富翁了，才能變成富翁，兩者簡直有天壤之別。

無心插柳的中獎額度（十一．二億元），反而勝過朝思暮想的中獎額度（一般是幾千萬元），大家還願意相信吸引力法則的說法嗎？

還是一句老話：中獎純屬機率問題，與有沒有了解吸引力法則是毫不相干的，如果還有人要相信，我也無話可說了。

富翁的心態

最近《讀者文摘》刊出一篇調查發現，富翁的心態根本不是一般人所想的那樣，在這裡提供給大家參考。

吸引力法則強調，只要保持富人的心態，宇宙間就有神祕的力量，像磁石一般吸引各種助力，然後獲得財富。

但問題是，什麼是富人的心態？

富人之間並沒有同樣的個性，有人很揮霍，有人很節儉，怎麼模仿？光是想像自己很有錢就可以了嗎？

那份調查發現，持久的富人，不是短期的暴發戶，有個共同的特性，就是在必須花錢的時候，不會計較價格，而是注意品質，但在非必要的花費上，就顯得非常謹慎，甚至錙銖必較！

換句話說，持久的富人對於金錢的觀念是：該花則花，而且追求最好的品質，不惜血本；但未必要花的，則能省則省，連多一分錢都不應該！

希望以上的觀念對大家有幫助，日後成為持久的富翁，無需藉助虛無飄渺的宇宙力量。

最近讀了一本叫做《光環效應》的書，完全推翻有所謂企業的成功模式，只提出一個忠告：一旦做出決定，就要不屈不撓執行到底，比較有成功的勝算，但不保證會成功。與我說的追求品質是同樣道理，我認為即使失敗，也可以學到教訓，如果見異思遷、隨便亂做，成功的機率是很低的。

隨便亂做後失敗，將無法得知這個失敗的模式是否真的無效，等於沒學到東西。

死前會後悔的二十五件事

有一本書針對一千個臨終病患，統計出死前會後悔的二十五件事，值得一提。這一千個臨終病患說出什麼是人生該做而沒做的事，列舉如下：

1. 不重視健康
2. 沒有戒菸
3. 沒有表明自己的生前預囑
4. 看不清治療的真義
5. 沒有去做自己想做的事
6. 能實現夢想
7. 曾經為非作歹
8. 一輩子受到感情操縱
9. 沒能對他人體貼
10. 深信自己是最好的
11. 沒有決定如何處理遺產

12. 沒有計畫自己的葬禮
13. 沒有回故鄉
14. 沒有吃好吃的東西
15. 全心工作沒有時間培養興趣
16. 沒有到想去的地方旅行
17. 沒能見到想見的人
18. 沒有談過刻骨銘心的戀愛
19. 沒有結婚
20. 沒有生孩子
21. 沒讓孩子結婚
22. 沒有留下自己活過的證據
23. 無法超脫生死的問題
24. 不知神佛教誨
25. 沒有對所愛的人說「謝謝」

其中第十項「深信自己是最好的」，大家會不會覺得奇怪，怎會在死前後悔？吸引力法則強調的是正面思考，這種激勵自己是最好最棒的話，竟然出現在這二十五項黑名單之中，發明吸引力法則的人實在應該好好看看這本書了。

深信自己是最好的，很容易變得唯我獨尊，剛愎自用，不傾聽他人意見，導致一錯再錯。因為事實的真相是，人外有人、天外有天，自己怎麼可能是最好的？即便真的是最好的，譬如世界冠軍，也不代表永遠是最好的。

唯有承認自己不夠好，才有改進的空間，如果已經是最好的，還需要改進什麼？有人提出這樣的詭辯：一方面認為自己是最棒的，另一方面繼續努力。如果是這樣的邏輯，只能說他思想混亂，自打嘴巴了，還能說什麼呢？

物理學家的批判

以下是物理學家薛莫（Michael Shermer）的文章，摘錄自《科學人》雜誌二〇〇七年七月號：（http://sa.ylib.com/circus/circusshow.asp?FDocNo=1039&CL=23）

有個打著賺錢秘方招牌、並已成經典的行銷騙術，就是教人寫本如何賺大錢的書，然後以郵購方式販賣。當買了書的凱子收到書一看，會發現這個秘方是：寫本如何賺大錢的書，然後以郵購方式販賣。

與此類似的鬼祟伎倆，可在伯恩及一批教人自助的宗師編寫的書《秘密》（*The Secret*）及拍攝的同名DVD中找到。由於歐普拉（Oprah Winfrey）的背書，迄今該書及DVD總加起來已經賣了超過三百萬份。其中的秘密是所謂同性相吸的「吸引力法則」：從你身體散發出來的正面想法，有如磁能一般，會以任何你所想像的形式回歸，好比說金錢。書中告訴我們：「任何人錢不夠的唯一原因，是由於他們本身的思想把錢給擋住了，讓錢進不來。」該死的肯亞窮人，你們別那麼怨天尤人就好了。該影片的促銷預告片裡，充斥著自負虛榮的求財真言，像是「我能點石成金」、「我是吸錢機」，以及我最喜歡的一句：「此刻還不斷有更多的錢在為我印製。」在哪裡印？影印店嗎？

預告片裡有一票衣著光鮮的快樂名流向觀眾打包票，《秘密》根據的是科學：「科學已然證明，正面想法要比負面想法強大個上百倍。」沒這回事。「人體生理製造疾病，為的是給我們反饋，讓我們曉得自己的觀點不夠平衡，愛心及感恩之心也都不足。」那些癌症病人難道不知道感恩嗎？「你體內所含的能量，足以提供一整座城市的照明之需達一週之久。」沒錯，如果你可以利用核分裂，把體內所有的氫原子轉變成能量的話。「我們的思想不斷發出磁性訊號，並將相同的訊息吸引回來。」不過以磁鐵而言，異性的正極與負極才會相吸。「人的每種思緒都有特定頻率如果你不斷重複某種思緒，你就會把該頻率發射出去。」

人腦當中的神經元使用離子流在突觸間傳遞訊息時，確實會產生電性；根據馬克士威公式，任何電流都會產生磁場。不過，美國加州大學洛杉磯分校的神經科學家波爾德瑞克（Russell A. Poldrack）向我解釋，人腦磁場極其微小，只有在嚴密隔絕外在磁場的房間內，使用極其靈敏的超導量子干涉儀（SQUID）才檢測得到。再者，我們還得記住平方反比定律：從某個源頭發出的能量波強度，隨測定點與源頭的距離平方成反比。兩個大小相當的物件，其中一個與能源的距離是另一個的兩倍，它所接收到的能量就只有後者的四分之一。人腦的磁場強度在十的負十五次方特士拉左右，並從腦殼向外快速遞減，很快就被其他的磁力源給蓋過了，更不要說地球本身的磁場有十的負五次方特士拉，那是腦磁場強度的十的十次方倍！

在一切條件相同的情況下，正面想法當然要比負面的好，只不過在現實生活裡，不論你的想法有多樂觀，其他條件就從來不會完全相同。這一點，你只要問問納粹集中營裡的倖存者就可知道。如果說吸引力法則是真實的，那麼猶太人，連同被屠殺的土耳其亞美尼亞人、被姦淫的南京中國人、被殘殺的美國原住民，以及被奴役的非裔美國人，不就是咎由自取了？上述最後一個例子，對照歐普拉在其網站對《秘密》的支持，更讓人心酸：「你貢獻給宇宙的能量，無論好壞，都會照樣回到你身上。也就是說，你每天所做的決定，就造成了你生活的環境。」難道說非洲人當初製造了讓歐洲人奴役他們的環境？

歐普拉，請你收回對這本可笑廢話的支持，一如你在發現佛雷（James Frey）的回憶錄《百萬小碎片》只是「百萬小謊」後所做的舉動，並請告訴你的廣大追隨者，成功來自相當程度的努力及創意，一如當初你所做的。

我覺得薛莫寫的真好，值得大家仔細看，如果吸引力法則真的那麼棒，為何不見容於著名的科學雜誌呢？

在這裡鄭重向大家推薦《科學人》雜誌，它是目前最好的科學雜誌之一，希望大家可以常常去網站閱讀文章，甚至購買雜誌，保證有不一樣的收穫。

網友的批判

有一位網友提出批判，我覺得很好，他說他學生時代也會被這類勵志的書籍吸引，但到了某個年齡之後就覺得荒謬可笑。

他認為雖然這些作品可以給人心理上的不凡力量，卻會妨礙找出真正的解決之道，因為沉緬於自戀，又怎能看清真相？

他舉了例子，以前猶太人依賴宗教力量凝聚士氣，幫助他們趕走外敵。但當真正強大的敵人，譬如埃及、亞述、羅馬人出現時，除了信念之外，顯然還需要很多作法。以前幫他們凝聚心理力量的宗教，反而成為一大包袱，因為在一敗再敗之後，整個民族都變成極端信徒，大家仍然覺得問題出在信得不夠虔誠，沒有人尋找保衛家園真正有效的方法。

我們清朝時代的義和團，不也是同樣的例子嗎？他們自信神明附體，刀槍不入，拿著大刀衝向外國軍隊的時候，有誰想到是錯的嗎？

許多激勵團體在開大會的時候，氣氛 High 到高點，全場民眾莫不受到鼓舞而熱淚盈眶，有人甚至痛哭流涕，結果在開完會後興奮幾個禮拜，又回到殘酷的現實。

如果把那些沒用的亢奮時間，用來檢討失敗的原因並充實自己，結果應該會更好，我說的沒錯吧？

反對「成功學」之我見

以下是廖晟向老師的大作，請大家欣賞：

隨著工商腳步的繁忙和大家越來越重視「實質的利益」，強調【複製】、【快速】的「成功學」已經潛移默化深植於人們生活中，其中著重實質業務量的業務員、傳直銷業者更把「成功學」奉為至上圭臬……但是，它的荼毒遠遠超出你我的想像。

簡單來說，成功學可算是一種資本主義制度下的思想產物。極重視結果論，而忽略了每個人的諸方與眾不同處以及整個過程的體悟……好比每個「人」都可以被依照機械語言和標準作業流程，統一製模、沖壓、成型一樣。二十歲剛出社會時的我，曾為此「主流的思考模式」深深著迷過，但邊學邊抱持懷疑，在整合各方知識、經驗後，用了約十年時間，我才徹底看穿它，故甚表不認同。

（惰於贅言，只提點方向性，看得懂的人不妨深入思考一番。）個人提出質疑和淺釋如下列：

1. **【成功難以定義，遑論複製】**

每個人對於成功的定義絕然不同；雖然你我很清楚：目前主流的成功定義就是「有形的資產或超出等值之回饋」，然後彼此為達這目標較勁到死亡！（物競天擇？）另外該論也太強調結果論了～～

2. **【人類有人的性格，無法一綱一本】**

把人類比擬為機械而想統一製作？可惜人類終究不是機械，縱然制度面可以不斷地制約、毀壞、崩解人性，但是想把人類的人性磨合成完美，又遵從「超完美機械語言」的去執行種種指令，但只能改變表面，真的——只是皮毛！！

3. **【幸福、快樂、成功，無法感染，更無法複製】**

這二年流行一種「正向心理學」的思考技巧，連美國名校哈佛的大學生，甚至整個社會群起效法。表面上，每個人似乎已經把競爭、學習有形資產的心量，移轉到學習內向的平衡或快樂；但是敝人仔細一推敲，還是成功學的元素深藏其中在作祟。

「見賢思齊」是人性祈求或效法真、善、美的良善哲思。但是重點乃是要去看、去聽、去學、去思考別人的優點，再檢視自我並修正之。不是把那支形式上完美的軟體程式，直接下載到自己的「思想常駐記憶體」，不假思索便想執行它。想成功、想幸福、想快樂，想瘋了??

4【成功的定義是活的，隨著時代、流行會不斷改變中】

從「蛋塔風潮」中（次文化或流行風潮），我們不難發覺：人性是善變的，環境是無情的。今日之標竿、準則、成功，明日將成萬骨枯，隨清風飄逝。人們的角色定位，經仔細篩選後，僅分為兩類：領導者和盲從者。我所談的領導者，是最嚴格、無法複製的那種千萬中選一：「創先者」，各領域只有一人，後起之秀頂多只能很接近~很接近「創先者」，餘等皆為盲從者，比較良善的，權稱為跟隨者。稍作舉例之。比方某人號稱：我要超越比爾．蓋茲！我們知悉比爾．蓋茲在當年草創期時，他可是該領域的先創。在菁英或佼佼者的世界裡面，別忘記——人人都在精進中，想幹掉一位菁英先創談何容易呢？再者，「超越他人」本身就是個悖論與無從類比之行徑，而是當提升自我的某項或全面性之最高最高最高價值吧?!因為人是活的，社會制度也是活的，成功定義當然也必然是活的！

敝人就簡單扼要地留下上述四大疑竇，讓有心人參學（「誤會」成功學的價值，敝人走了十年的路）。僅能說：成功學只適用於有能力、有智識，更有常人有的「惰性」；所以這類人需要有某種技巧去激勵他向上的一種手法；真的，真的不適合「大部分」人……。

當然耳，您必須是三餐溫飽之人，欲邁入「自我實現」階段（瑪斯洛的需求層級）的有緣人。清談——古往今來只適於不安於現況人士的思想浮世繪。

成功、快樂、幸福、智慧……等正面力量，嚴格來說，沒有那麼容易垂手可得，你所見到的只是一種資本主義制度下的假象。願您徜徉在週末的下午，輕盈地漫步在燦爛向晚的海灘邊，緩慢散步，緩慢移動您舒鬆的步伐，並悠然拾遺您心愛的貝殼……也唯有悠然地一點一滴去拾遺，去輕鬆地檢視，去收藏，那——才會是你的。

一定要勵志嗎？

周芬伶教授在〈一定要勵志嗎？〉一文中指出：

【勵志文讀來如下猛藥，馬上覺得自我提升不少，世界也變光明了，如脫胎換骨一般，然而不過幾天就又掉下來，必須再讀更猛的……。

人需要的是真正的思辯，只有哲學與思想才能拯救自己。勵志文只是速成的思想，只有結論，缺乏思辯的過程，有時候傾向簡化人生或問題，讓人無法深入思考，又或作者講的道理對他自己有效，對他人卻不一定有效。】

我覺得頗有道理，周教授甚至建議勵志文只需要列入小學課程中，中學以上就不必了。

以減重為例，曾有減重班學員宣稱自己「一定要成功」、「從不大吃大喝」的，反而容易減重失敗，顯示「自我感覺良好」反而不利於減重。

深究其實，學員太過自信，反而不會真正去落實減重行動，出席減肥班的比率就遠低於減重成功的學員。

所以，常「宣稱」自己減重的決心有多堅定、不碰美食的自制力有多強，很容易成為減重不成功的原因。

人們總是喜歡活在虛幻的陶醉中，很難真正面對殘酷的現實，勵志文章將繼續盛行下去，永不褪色。

特別在沮喪不安的時候，任何人都想來個強心劑，提振士氣，甚至寄望出現強大的念力來扭轉乾坤，其實是無可厚非的，但腳踏實地才是真正持久的成功之道。

正面思考對沒自信的人有害

「我工作那麼賣力，老闆應該給我加薪。」

「我考試一定可以通過。」

「我那麼優秀，肯定會再找到真愛。」

這些話是上進的員工們、學生、失戀者在不順遂的時候，常常掛在嘴邊不斷重複的激勵話語。

自從一九五二年一本經典的書《正面思考的力量》出版以來，這類書籍都在鼓勵自卑的人們多做正面的自我評價，但最近的研究顯示，這種行為可能弊多於利。

心理學家已發現，人們喜歡聽好話，譬如個性很好，與人和善等，而不喜歡壞話，譬如個性孤僻，沒有人緣等，因為人們更願意接受那些跟他們本身的看法相近的說法，而排斥那些和自己看法不同的。

加拿大滑鐵盧大學的心理學家做了一些系列的實驗，他們訪問了六十八人，男女皆有，用已經被廣為利用的方法來測定自我認同程度，接著請參與者用四分鐘寫下任何腦子裡出現的念頭和感覺。

然後在測試過程中，隨機抽出一半的被訪者，請他們在每次聽到鈴聲的時候就寫下「我是個可愛的人」。

這時，研究人員馬上問受試者一些問題，譬如：「三十來歲的人，遇上幸福美滿的浪漫關係的可能性有多大？」

接著用0到35分的分數系統來衡量每個受試者的情緒，以前的研究已經顯示，高分代表受試者的情緒比較高漲。

研究論文在《心理科學》雜誌上發表，結果是那些原來自我認同程度高的人，讓他們重複說「我是個可愛的人」之後，他們在情緒測試中的平均分數是31；那些原來自我認同比較高的人，卻沒有被指示說那句話的人的平均分數是25；那些原來認同度比較低的人，如果讓他們重複說那句話，他們的平均分數是10；而原來自我認同度比較低的人沒有說那句話平均分數是17。

正面的自我評價反而引起了自我認同度低那群人的情緒低落，因為這種正面的自我評價和他們對自己的低評價相衝突矛盾，如果衝突得很厲害，不僅會讓他們抗拒這種正面評價，還會加強他們對自己的低評價。

那些認為自己不夠可愛的人會覺得說自己可愛實在太扯了，太離譜了，根本不可信，這時反而會加強自己原本負面的想法，所以很多自我感覺不好的讀者，如果去讀鼓勵做正面自我評價的勵志書籍，恐怕不僅是無用，甚至還有害處，不得不謹慎呀。

正面思考的另一個壞處

一般人都認為，好人的無私的行為會讓他們受歡迎，但新研究顯示，大多數人不喜歡好人。

英國《每日郵報》（*Daily Mail*）報導，已有不少研究發現，自願去做大家不想做的事，或自願分發禮物的人，可能馬上被人孤立。

心理學家認為，這些行為會讓其他人有罪惡感，好像逼迫大家要有同樣無私的行為，當然令人不舒服。

換句話說，好人可能會讓人討厭，因為他們提高了一般認定的行為道德標準，會讓其他人看起來都是壞人。

心理學家認為，這無關乎某人的無私行為是否會改善團體的整體利益，甚至說出這樣的話：「好人也被視是破壞常規的人，就好像他們玩大富翁遊戲，把錢送給別人繼續玩，折磨其他玩家卻苦無結局。」

這是美國華盛頓州立大學的帕克教授做的一系列實驗，他把自願者分在不同組別，要他們做一些事情，像是拿點數換餐券等。

自願者被告知如果放棄餐券，團隊得到獎金的機率就會提高，而獎金由隊員平分。有些自願者被告知要故意做出偏差的行為，譬如囤積餐券，顯現出自己很貪婪，或不拿平分的錢，表現出無私的模樣。

實驗最後，這些自願者都被問到團體成員間的互動關係。

結果大部分人說，他們不想再跟「貪心」的人合作，但也有大部分的人不想跟展現不自私行為的成員合作。

他們常說：「這個人讓我看起來像壞人。」或說：「他破壞常規。」或說：「有時候，我懷疑這個人意圖不軌。」

可見，好人要做得不露痕跡，才不會被眾人孤立，如果大張旗鼓惟恐天下人不知，就不是適當的行為了，吸引力法則的信徒不知會怎麼看待這樣的研究？

正面思考者未必長壽

美國耶魯大學的研究團隊有一項趣味研究，根據長期的追蹤發現，在學校中被師長評定為快樂開朗的學生，日後竟然比個性謹慎的人，還要短命。

大家會不會覺得奇怪？聽到天真無邪的笑聲，任何人都會跟著快樂起來，這種人怎可能短命呢？

耶魯大學的一些學者專門研究陰暗面，蒐集了一九二〇年代的學校紀錄，被評定為「快樂開朗」的學生，日後進行追查，沒想到這些人竟然比謹慎的人還要短命，令許多民眾與專家跌破眼鏡。

以前大家都把開朗與長命畫為等號，怎麼可能會有這樣的結果呢？

原來，開朗的人比較沒有戒心，容易陷入危險而不自知，而且也可能放縱自己的生活，過得不健康；太容易開心，也較易招來忌妒，被人陷害；此外，這樣的人情緒起伏比較大，容易出現躁鬱症或氣喘的症狀。

所以，謹慎一點還是比較保險，開心太過頭可能樂極生悲。

毫無根據的傳聞

許多勵志演講家會提到「耶魯目標研究」（Yale Goal Study），這是一九五三年的研究資料，一群研究人員採訪耶魯大學即將畢業的學生，詢問他們有沒有寫下想達成的特定人生目標。

二十年後，這些研究人員再次詢問同一批受訪者，結果原來有寫下特定目標的學生，約有3%，他們個人財富的總和，竟比其他97%的同學的個人財富加起來還多！

這是一個非常激勵的故事，很多書籍與研討會上會引用這個資料來證明正面目標的力量。只是——這個實驗從來沒發生過！

二〇〇七年，一家雜誌的作家想追蹤這項研究，乃逐一探查與研究有關的人員，發現沒人可以提出任何證據，證明曾經有那樣的研究。

很妙的，一些勵志大師很喜歡提出這種故事來證明他們的觀點，卻不去查證是否真的存在，令人遺憾。

睡眠不足與過度樂觀

美國研究人員曾指出，睡眠不足的人，常常做出過度樂觀的決定，也更容易涉及高風險的賭博，已刊登在《神經科學》（*Neuroscience*）期刊上。

其實，賭場老闆老早就知道這樣的事實，吃角子老虎機的聲光效果，很容易使賭客輸到精光後還想翻本。

科學家利用核磁造影（MRI）檢查睡眠被干擾的人的腦部，然後與休息正常的人做比較。結果顯示，睡眠不足的人，評估正向結果的大腦部位比較活躍，而評估負面結果的腦區比較不活躍。

接著讓受試者做一個有風險的決策，結果發現睡眠不足會使多數人出現認知偏見，從避免損失轉向追求獲利。

研究更指出，喝咖啡因飲料、呼吸新鮮空氣、或是運動，都不足以抵抗睡眠不足所造成的負面影響。

宣稱吸引力法則有效的人是不是有許多睡眠不足者？令人懷疑。

負面思想真的沒用？

負面思想已被許多人罵到臭頭，但真的一無是處嗎？

在社交活動中，最怕遇錯人，讓自己苦心付出的感情付諸流水，但研究指出，在人際關係中出現的不安全感，是源自於人類自衛的本能。

任何人都想要幸福美滿的關係，但身旁若出現不安全感的伴侶，經營親密關係恐怕就不太容易。

以色列的研究人員實驗發現，在一群學生中，若有幾位比較無安全感的同伴，一旦緊急事件譬如火災發生時，他們對災害的警覺反應會比較快。

人們在面對大自然威脅或處理親密關係時，對「世界抱持安全感」或「沒有安全感」的兩組學生反應明顯不同，以演化的觀點來看，兩組不同個性混在一起的團體，存活的機率較高。

研究人員聲明，有安全感的人也有盲點，他們反應較慢，因為他們的腦部需花時間來組織環境資訊。

根據估計，全球人口中有將近一半的人屬於「無安全感傾向」類型，特徵是較冷淡、較迴避，或喜歡獨自處理事情，而不靠旁人共同合作。

擁有良好關係的人，通常屬於「安全感傾向」的人，他們通常認為世界是安全的地方，因此較樂觀且專注工作，也樂於過著團體生活。

實驗也發現，具有「迴避」個性的學生，當火災發生時，通常是第一個離開現場的人，所以他們的基因就可以存活下來了。

早期人類曾遇上大乾旱，全球人口銳減至兩千人，要不是一些「無安全感傾向」的人幫助「安全感傾向」的人脫離災難，人類恐怕早就滅絕了。

所以，吸引力法則的信徒不要再蔑視負面思考了，任何特性會留存至今，必有其道理，不能一概抹殺。

善用負面思考

最近看了這本書《負面思考的力量》的連載，提到心理學裡有個有趣的實驗：讓健康的人與輕度憂鬱症患者、重度憂鬱症患者三人擲骰子猜正反面，比較猜對的機率，大家覺得誰會猜得最準呢？

重度憂鬱症患者因為總往壞的一面想，所以猜錯的機率高，最正常的健康人也因為想法樂觀，結果並不大好。

是的，預測結果最準的其實是輕度憂鬱症患者。

也就是說，「加些負面觀點，反而更能正確地看到現實」。

超心理學界有所謂綿羊與山羊效應，也就是相信超能力存在的人，比起不相信超能力的人，猜對的機率高一些，前者稱為綿羊，後者稱為山羊。

樂觀的人不是綿羊嗎？憂鬱者不像山羊嗎？說實話，我不認同什麼羊的理論，但也不認為輕度憂鬱症患者的猜中率每次都比一般人好，一次實驗的結果不算什麼，需重覆實驗成功才算數，但值得大家深思。

我在王溢嘉的文章中看過一個實驗，實驗者找了一百人，其中一半是自認好運者，另一半是自認壞運者，然後預測骰子的點數，結果兩方成績平分秋色，沒有哪一方比較厲害，顯示一切還是運氣在作用。

《讀者文摘》曾刊登過成功者的特質，就是盡力做好每個工作，並有最壞的打算。許多人只往好的方向想，沒有預設退路，結果一旦事與願違就崩潰了，甚至一敗塗地、不可收拾。

所以，加些負面觀點，的確可以比較正確地看到現實，增加成功的機會，大家務必抱持這樣的觀念。

不過，負面思想太多，對健康會有妨礙，所以還是要盡量減少，但絕不是用吸引力法則的壓抑法，將失敗全歸咎於負面思想，然後連想都不敢想。

我的方法有三個，首先要睡飽，每天至少睡八小時，讓自己有精神，然後每天運動三十分鐘，譬如快走，讓自己的情緒不會變壞，因為醫學已證實，運動可以改善心情。

以上基本功必須貫徹達成，才可以做下一步：多多接觸正面的人事物，譬如結交益友、收看國家地理頻道、Discovery 頻道、動物星球頻道、旅遊生活頻道等節目，閱讀有益的書籍雜誌與網站文章等。

換句話說，無聊、低級趣味、八卦、爭論性的報導與節目必須少看，只有盡量少接觸，才不會被影響，產生一堆負面思想。

吸引力法則的其他錯誤

《秘密》一書錯誤百出，我沒辦法全數寫出，這裡僅列舉一些明顯的，請大家看看：

1. 正面思想的力量，大過負面思想數百倍。（原書第三十一頁）

批判：那人怎麼都會死？為何沒有一個超強正面思想的人永遠不死？正面與負面怎麼比？單位是什麼？

2. 思想決定頻率，當你覺得好的時候，會吸引好的；覺得不好時，會吸引不好的。（原書第五十三頁）

批判：許多自我感覺良好的人，反而被批評為高傲自大，人人敬而遠之；許多自我貶損的人，譬如節目主持人，反而被稱讚為幽默風趣，人人喜歡親近，請問怎麼解釋？

3. 過去知道這個秘密的都是大人物，譬如柏拉圖、莎士比亞、牛頓、雨果、林肯、愛默生、愛迪生、愛因斯坦。（封底）

批判：請拿出文獻證據來，為何一般人甚至學者都不知道？沾這麼多名人的光，擺明是一種行銷手法。

4. 向宇宙要求你的願望，徹底相信，並提前接收已成功的感覺，就會真的成功。（原書第七十八頁）

批判：所謂驕兵必敗，古有明訓，每個驕兵都是希望必勝、相信必勝，且提前慶祝，完全依照上面的模式進行，難道是對的嗎？

5. 觀想你在享受想要的事物，常常在睡前做，就會真的心想事成。（原書第一〇三頁）

批判：一般成功者絞盡腦汁、朝思暮想的是，如何達成想要的事物，特別是品質，而不是提前慶祝，觀想法毫無統計上的支持證據。睡前應該觀想放鬆，請見第四章。

6. 專注於錢不夠，不會變成富翁；專注於富裕，才會變成富翁。（原書第一二一頁）

批判：許多富翁非常節儉，甚至到吝嗇的程度，與窮人的心態無異，請問如何解釋？

7.假裝很有錢，對錢有好的感覺，將引來更多的錢。（原書第一二一頁）

批判：有一些頭彩得主做夢都沒想到真的會中獎，甚至拖了五十五天才去領錢，理由是金錢會引來災禍，只好捐出部分獎金作公益，以化解未來的霉運，請問如何解釋？

8.當你覺得自己很好，就是在吸引愛，吸引更多好的人與情境。（原書第一三三頁）

批判：正確的自我感覺良好，應該是感覺「活著真好」，而不是跟他人比較優劣，否則只是陷入自戀，對人際關係反而有害。

9.想著我是健康的，就會真的健康。（原書第一四九頁）

批判：正面的心態有助於健康，這是無庸置疑的，但是指心情好、常微笑，不是想著自己是健康的，這是倒果為因，所以應改成：讓自己更愉快，就會真的健康。

10.如果身體微恙，不要想它，以免更嚴重。（原書第一四九頁）

批判：正好相反，許多人小病不管，拖成大病才就醫，最後甚至來不及挽回生命。合理的擔憂，小病才不會變成大病；不合理的擔憂才會變成心身症。

11.相信老化，就會走向老化，所以必須放掉這樣的想法。（原書第一四九頁）

批判：我曾拿一張女人的照片問一些人：大約幾歲？大家都說照片中的人大約七、八十歲，結果她在留影時才六十歲而已，後來卻活到一百二十二歲，榮登史上最長壽的金氏世界紀錄。老化與長壽與否無關，也與相信與否無關，而是與基因與環境有關，大家不要被騙了。

曾有一篇報導，請一群老人想像自己變年輕了，結果真的胃口變好、活力變好，但有個問題，許多老人就是以為自己還年輕、做出體能限制外的動作而摔倒骨折，所以這種自我催眠是有後遺症的，不能輕易嘗試。

12. 專注在負面事物上，你的生活會增加更多負面事物。（原書第一六三頁）

批判：我的小孩曾有一位女導師，完全不管學生的負面行為，只獎賞正面行為，結果全班超級乖又聽話，但每個學生都不喜歡她，因為不好的行為都只是暫時被抑制了，只要導師不在就完全失控。如果專家學者都不專注在負面事物上，社會問題或全球議題將日益嚴重，只要專注在負面問題的解決方法上，而不是情緒上，就不會有後遺症，我說的沒錯吧？

13. 你是唯一創造自己「該有的生活」的人。（原書第一八五頁）

批判：這句話又說錯了，因為還有貴人相助、損友帶壞，或運氣巧合等因素，怎可能只有自己在創造自己的生活？只有情緒才是自己創造的。

14. 做你喜愛的事。（原書第一九五頁）

批判：請問，那誰做清道夫？正確的說法是：即使在做不喜歡的事，也要找出喜悅之道，才會活得自在。

15. 宇宙因你而存在。（原書第一九四頁）

批判：亂講，那人類尚未出現之前，宇宙就不存在了？應該說：你對宇宙的感覺，是你自己創造出來的。

其實，《秘密》一書的錯誤遠多於上述，但作者人數太多，專挑其一來批判，會顯得小題大做，所以我只選擇編者整理的摘要與封底介紹來踢爆。

吸引力法則的新錯誤

《秘密》作者群與其他人最近錄製了一份光碟《當心靈遇上科學》，內容訪問了十四位專家學者，包括哈佛、史丹佛、洛杉磯大學的教授，以類紀錄片的手法，闡述如何以量子物理學解釋心靈現象。

這樣的內容當然很好，但裡面有些資料就讓人無法苟同了，譬如：「如果你打心底相信你能在水上行走，這可能發生嗎？一定會的，這就像是正面思考！」

這樣的思路正是許多神棍用來騙財騙色的藉口，世上已有許多不幸的悲劇一再上演，難道《秘密》的作者還要火上加油嗎？

如果在水面上可以走路，莘莘學子讀那麼多物理與化學的知識有何用？用超凡的精神力量就可以超越物質世界的定律，而且還超過甚多，科學家何必苦苦追求物質世界的法則呢？

另外，該光碟提到一九九三年的夏日，在華盛頓特區曾進行了一個大型試驗，來自一百個國家的四千名志願者在某日一起靜坐冥想，結果華盛頓特區的犯罪率下降了25％。

如果這25％是真實的數據，我有以下疑問：

1. 下降25％是罕見的情況，還是原來就會出現的現象？因為犯罪率本來就是起起伏伏的波形，靜坐當天正好遇上波谷，也是有可能的。
2. 四千人的聚會，必吸引媒體的大量報導，早有證據顯示，媒體多多報導好的事情，可以改善社會上的暴戾之氣，進而減少犯罪，這才是真正的原因吧？
3. 目前科學研究的念力，頂多偶爾影響電子的行進路線，而且還有爭議，嫌犯的腦部比電子大那麼多倍，請問如何影響？完全說不通。

4. 既然名為試驗，應該封鎖消息，讓四千人安靜的冥想，不要大張旗鼓、四處宣揚，才能排除媒體的宣傳影響，為何主事者沒想到呢？

我不是雞蛋裡挑骨頭，而是徹底釐清現實與迷信的分野，讓世人不再被神棍所騙，《秘密》的作者們是否應該站出來批判神棍的作為呢？讓讀者變成毫無判斷力的迷途羔羊，日後很有可能遭到神棍的欺凌壓榨，難道是對的嗎？

常被修改的吸引力法則

《秘密》的作者之一，與另一人合寫了一本書《零極限：創造健康、平靜與財富的夏威夷療法》，裡面修正了吸引力法則，作者說，以前都教人反覆看《秘密》或其他相關書籍，並做好冥想，化解心中阻力，結果效果不彰，於是在此書中修改成：

常常在心中默念「我愛你」、「對不起」、「請原諒我」、「謝謝你」四句話，來清理自己，「療癒」得越多，就越能清明地去實現自己的期望，因為釋放了淤塞的能量，讓這些能量可以用來做其他的事。

簡單的說，作者認為心中的疙瘩越少，願望成真的機會越大。

基本上，我不反對常常默念上面那些話，因為寬恕與感恩的態度，真的可以改善一個人的身心，而心中無罣礙與煩惱，就可以專注在願望的實踐，成功的機會自然比較大，實在不必歸因於上帝或神奇的法則。

但《零極限：創造健康、平靜與財富的夏威夷療法》裡面有一段話我就不苟同了：

「我看到那些牆，發現它們需要重新粉刷，」他告訴我：「但油漆一刷上去就剝落，沒有一次留得住，所以我就告訴那些牆，我愛它們。然後有一天，有人決定粉刷牆壁，而這次油漆就留在牆上，不再剝落了。」

我查過資料，濕度會影響油漆的附著力，而每天空氣的濕度不一樣，所以會有不同的結果，這是理化知識，根本不是什麼神奇的力量所致，大家務必認清這一點，不要被騙了。其他相關書籍也針對吸引力法則做了許多修正，還美其名為「補充」，讓人不知該相信哪一種說法。

吸引力法則到底還要修正多少次，才是真正無誤的宇宙法則？許多人買了許多書或光碟，仍不知被唬弄了，結果是作者一人賺飽了，千萬讀者仍沒什麼成效可見，唉，令人搖頭嘆息！

對吸引力法則的辯護？

曾有網友提到日本首富孫正義的故事，據說孫正義兩三歲的時候，他的父親一再告訴孫正義：「你是天才，你長大以後會成為日本首屈一指的企業家。」

在孫正義六歲的時候，他就常跟別人做自我介紹：「你好，我是孫正義，我長大以後會成為日本排名第一的企業家。」

孫正義給自己制定的個人藍圖：

十九歲規畫人生五十年藍圖。

三十歲以前，要成就自己的事業，光宗耀祖！

四十歲以前，要擁有至少一千億日元的資產！

五十歲之前，要作出一番驚天動地的偉業！

六十歲之前，事業成功！

七十歲之前，把事業交給下一任接班人！

這個例子似乎可以說明吸引力法則，但在我的周遭親友中，也有不想擔任主管的，卻被趕鴨子上架，在心不甘情不願的情形下上任，又怎麼解釋呢？

網友的辯護不外乎以下內容，以下六點出處：（http://www.wesoul.com/viewthread.php?tid=1491）

1.不知道自己要什麼

常見的狀況是受過打壓或否定，或有過無法接受的失敗經驗，而轉向隱藏自己的需要想要，躲在很多「理所當然」後面低調的活著。如果你有這種傾向，邀請你看我稍早的博文〈生命就是一場派對！〉

（問題是，誰能確定自己真正要什麼嗎？詳見本書第四章。）

2.誤以為自己要什麼

我們的很多價值觀或願望，都是被父母、老師或是電視廣告教出來的。所以我們常常會誤以為自己想要幹哪一行、開什麼車、當哪一種人……。這些真的是你要的嗎？還是別人要的？想一想，這是個有趣的過程。

（這點非常正確。）

3.企圖控制別人

一個人無法控制另一個人，就算你是「為他好」。

我看過很多媽媽的願望寫著：「兒女考上某大學某科系。」或是

「兒子從事哪個行業」或是「女兒嫁給什麼樣的人」，你猜會實現嗎？

我還看過很多人願望寫著：「某某人回心轉意來愛我」。

那位哭著打電話來的朋友就是這樣寫的，難怪無法實現。

各位親愛的朋友，別人的人生由他自己去吸引，

愛他請允許他發揮智慧！

你只管吸引你要的就對了，不要限定是誰來幫助你實現，那是在為難宇宙。

（這點也很正確，但跟宇宙力量無關。）

4. 競爭性的願望

想擊敗誰成為冠軍？想打倒情敵贏得美人芳心？

競爭性的願望不是宇宙會支持的，建議你將願望調整得更具開放性、創造性。

假如你想幹掉某產業的龍頭自己成為霸主，還不如開創新領域去發揮。

宇宙會支持的是創造性的願望，祂支持欣欣向榮，而不是唯你獨尊。

這一點你去深山裡或是公園裡走走你就會知道了，大自然是最棒的老師。

（龍頭霸主都不用吸引力法則嗎？自打嘴巴、自相矛盾！）

5.你自己都不相信的願望

有位哥兒們在自己的願望清單裡寫著：我某某某是億萬富翁。

然後他又說：這願望好像太誇張不可能實現，感覺很可笑。

假如寫一個自己都不相信的願望，會讓你覺得自己很好笑，

那麼你將會吸引到更多「讓你覺得自己很好笑」的事物來到你的生命中。

所以請寫下你會相信的，並且會讓你感覺很美好的願望。

（有些頭彩得主事前也認為中頭彩不太可能實現，還不是成功了？）

6.與靈魂提升相違背的願望

這一題與宗教或道德有關，我們暫不深入討論，

簡單說每個人都有光明面與黑暗面，既然在宇宙中生而為人，

往光明走、往靈魂提升之路走，肯定是相對喜悅自在的。

所以假如你有邪惡的願望、墮落的願望、會破壞別人家庭的願望，

建議你再好好想一想。

（正確的思想，但現實世界還是有一大堆刑事懸案，壞人終生逍遙法外，怎麼解釋？）

其實上面的論調，反而把吸引力法則的錯誤處一一修正，根本不是辯護，大家可以參考一下。

第三章

吸引力法則的錯誤推論

《秘密》一書雖有不少錯誤，但在數量上遠不及《力量》一書，根據我的估計，後者平均每兩頁，就有一項錯誤，一本書暢銷書寫成這樣，真是怵目驚心！

一般人總是會這樣想，一位作者若寫了好幾本書，一定是最後一本比較成熟，比較完善，想細讀或瀏覽一下，沒想到朗達．拜恩反其道而行，越寫越糟！

吸引力法則不是完全錯誤的概念，因為真的有人似乎以正面思想求得成功，以負面思想換來失敗，雖未必是因果關係，起碼是歪打正著、說得過去，但加上「愛＝力量」這個說法，距離真相就太遠了。

吸引力法則又被修正了

吸引力法則已是最好的，為何作者朗達．拜恩又寫出《力量》一書，大家知道是什麼原因嗎？難道需要修正？請看該書的部分內容：

幾年前，我的財務狀況掉到人生空前的谷底：我有幾張已經刷爆的信用卡、公寓抵押貸款金額已到上限，而因為正在製作《祕密》這部影片，所以我的公司負債了好幾百萬美元。我認為我的財務狀況糟透了。我需要錢來完成影片，於是，我採取了極端行動。

……從我的信用卡帳戶內領了好幾百美元……，然後把錢分送給街上的人。

（出處：http://www.books.com.tw/books/series/series9789861752211-5.php）

作者說，發揮愛心後運勢開始轉好，後來便寫下《秘密》與《力量》來給大家分享。我不反對分錢給別人，我質疑的是《秘密》是一本暢銷書，影響層面非常大，擁有台灣出版史上最高銷售紀錄——超過一百萬本，沒想到作者寫書的動機是解決其負債問題，難道在播出《祕密》這部影片時，作者無法吸引到宇宙的力量來賺錢，還要靠寫書來彌補？

再則，吸引力法則被形容得那麼完美，竟然還要寫出《力量》來強調愛心的重要性，誰知道哪一天可能又寫出一本類似「修正補充外傳密錄」，讓原來的信徒掏錢再買。

所謂一將功成萬骨枯，我覺得作者是「一將」，因寫書而賺翻了，而絕大多數的讀者是「萬骨枯」，生活仍未改善，這是哪門子的吸引力法則？

至於捐錢發揮愛心，我舉個例子：中國首善陳光標熱心捐錢，疏於管理其公司，業績曾嚴重下滑，三個月沒接到業務，陳光標甚至說過：「我做慈善捐款從來沒有幫公司帶來直接效益，只是為我拿到一大堆感謝證書。」

可見捐錢與運勢是兩碼子事，朗達．拜恩卻將之定位為因果關係，顯然有誤。

你可以成為任何想成為的角色？（原書第一頁）

《力量》寫出這句話，讓我想起某位早期心理學家也曾發出類似的豪語，然後無疾而終：

他說給他幾個嬰兒，他可以培育成各種行業的人。他認為環境可左右一個人的未來發展。

當然，隨著科學的進步，已發現基因的力量非常強大，甚至超越環境的影響，這種環境決定論已被人揚棄了。

以同卵雙胞胎為例，若其中之一罹患精神分裂症（大多與基因突變有關），另一位罹患的機會高達75％，良好的教養環境只能挽回25％的人，可見基因的力量有多強大。

沒想到《力量》還活在過去陳腐的思維中，顯然只是為了激勵人心，但罔顧事實，讓人活在不切實際的妄想中，是對的嗎？大家可以評斷一下。

你的內在擁有想要一切的力量？（原書第二頁）

《力量》一再否定「運氣」的存在，認定一切事情在冥冥之中皆有吸引力法則在安排，我只要舉一個例子就可以揭穿這樣的謊言：

請作者拜恩拿起一個骰子，然後發出念力，從1點開始，到6點為止，每發一次念力，就擲出骰子一次。

如果六次都猜錯，就重覆1點到6點，直到骰子命中念力為止。

請問拜恩，妳敢說命中的那一次是念力所致？其他沒命中的怎麼解釋？總不能說不夠專注吧？

更嚴謹的方法是，發出念力之後，給自己的專注程度打分數，才擲出骰子，就可以發現一件事實：念力的強弱根本與擲出的點數無關。

這是非常簡單的巧合實驗，拜恩如果還堅持不是巧合，真的會讓路人笑掉大牙！

我們的內在當然擁有力量，但不是想要什麼就有什麼，運氣是一個關鍵因素，這是不能隨便唬弄就可以忽略的東西！

人生只有正面與負面兩種事物？（原書第五頁）

拜恩寫書寫得太順手了，居然忘記還有「中性」的東西，真令人吃驚。

很少人總是活在情緒的漩渦中，大半時間是在平靜中度過，因此對世界的觀感是既不喜悅也不悲傷，既不興奮也不沮喪，便是我所謂的「中性」。

舉例來說，當大家看見「舉例來說」這四個字時，會有什麼情緒嗎？難道會悲傷？生氣？高興？振奮？

或者，看到本書的頁碼時，也會出現情緒嗎？答案是很明顯的。

大家仔細想想，一天之中有情緒的時間是不是不多？如果常常喜怒哀樂，不但有躁鬱症的可能，心臟也承受不住吧？

正常人的心跳總是維持在固定的範圍內，波動的情況不算多見，這是「中性」事物的明證，拜恩以偏概全又一樁，大家務必留意。

愛的力量超過大自然的力量？（原書第七頁）

拜恩舉例，重力與電磁力的力量遠不如愛的力量，這是非常離譜的說法。

兩種不同單位的東西，如何比較強弱？愛的單位是什麼？怎麼比？

譬如三公尺跟三公斤，怎麼比較強弱？

如果拜恩的意思是指宇宙誕生的動力是愛，重力與電磁力是其延伸，就真的比較弱了，她卻不是這個意思。

她說生命的源頭是愛，隨處可見，可是，宇宙誕生已一百三十七億年，生命誕生卻只有三十多億年，前者的力量遠超過後者的力量吧？

如果愛的力量那麼偉大，人類為何總是擔心，被大自然毀滅？末日預言為何一再出現？

地球將於五十億年後，被燃盡膨脹的太陽吞沒，請問愛的力量如何對抗？

出生與發明都源自於愛？（原書第八頁）

人會生下來，不就是「性」嗎？怎會是愛？拜恩將性與愛混為一談，這是罔顧事實，請問性侵之後生下的小孩是愛的結晶嗎？

發明與發現更不是因為愛，我覺得是為了生活便利，譬如不想走路就發明車子來代步，不想費事生火就發明打火機，其實說穿了，是為了「懶惰」而已。

大家想想看，如果你很勤勞，喜歡走路健身，就不會騎車或開車，車子就不是生活必需品，與愛有何關聯？

放眼望去的任何科技產品，都是為了滿足人類的懶惰，有時是為了娛樂（這種產品現在比古代多），愛幾乎沒有置喙的餘地，拜恩胡言亂語的功夫令人大開眼界。

有一部電腦動畫片《瓦力》，便是描寫人類在極度進步之後的場面，每個人都是肥肥的無法走路，整天躺著由機器人照顧打理一切。請問，這是愛引起的，還是懶惰引起的？答案是顯而易見的。

吸引力法則支撐著宇宙？（原書第十一頁）

拜恩說，原子、分子、星辰都是因吸引力法則而存在，又是一個亂七八糟的說法。

天文學家已發現，宇宙最大的力量是排斥力（暗能量），其次才是吸引力（暗物質），最小的是日月星辰與原子分子。

大家可以去查證我說的對不對，作者將吸引力法則說成偉大無比，只是貽笑大方而已。

如果她有研究過宇宙學，就不敢隨便亂說，其實只要改兩個字，我馬上不敢批評：「排斥」力法則。

宇宙真的是由暗能量主宰，依據目前的估算，宇宙最終命運可能是全數瓦解，——連時空結構都崩裂，排斥力決定一切，而非吸引力。

吸引力法則就是愛的法則？（原書第十二頁）

吸引力法則在人際關係中才能得到證明，譬如所謂狐群狗黨、酒肉朋友，請問，這是愛的法則嗎？

有人說，社會是個大染缸，什麼人玩什麼鳥、臭味相投、同類相聚，《力量》的作者不可能不懂，卻寫出離譜的話，令人難以置信。

如果改成：「吸引力法則的正面就是愛的法則」，也是有問題的，因為同樣志趣的人吸引在一塊兒，通常是基於欣賞，與愛也沒有關係。

如果一個人奉行吸引力法則，想像自己成為有錢人，結果真的變成有錢人，請問，這個過程中有愛嗎？

所以，這兩個法則是不相干的，即使有什麼重疊之處也是不多，拜恩寫書已犯了牽強附會的毛病。

給出去的，就是會得到的？（原書第十二、十三頁）

這句話當然是錯的，隨便舉一個例子就可以駁倒。曾經有位勇士，救了十幾個溺水者，他給出去的，是這些人的重生，結果呢？

這位勇士晚年窮困潦倒，沒有因救人而得到什麼。

世上也有許多「懸案」，兇嫌根本抓不到，善有善報、惡有惡報的說法不攻自破。

如果修改成：「給出去的，會換別的回來。」就很合理了，做好事的人心安理得，做壞事的人良心難安，這才是比較有可能的情況。

我不是鼓勵大家不做好事、多做壞事，而是世界的運行並沒有賞善罰惡的主宰存在，做好事讓自己愉快，就是換來的報酬，怎可希望同樣的好事發生在自己身上？同樣地，做壞事也不一定會有「反饋」，一個毫無悔意的壞人，只要抓不到他，未必有什麼報應發生。

依照蝴蝶效應的論點，給出去的，會換別的回來，比「就是會得到的」更有可能，希望大家認清事實。

做好事不求回報，因良心譴責而不敢做壞事，才是比較健康的心態，怕被殺被關而不敢做壞事，難道就是正確的嗎？大家可以想想我的看法合理與否。

接收到的事物以出去的為基礎？（原書第十四頁）

這句話也有問題，許多善良老百姓無故被壞人打傷或殺害，難道是自己給出去的「回饋」？曾有人問《力量》作者朗達．拜恩，在海嘯中死亡的人，是自己吸引災難來的嗎？不料，朗達．拜恩回答：他們的思想處於同一個頻率，並暗示他們本來可以倖免於難。那麼，怎麼讓自己不要處於「災難」頻率上，她沒說明。

當你走在路上，被空中的鳥糞擊中，代表你的思想處於「倒霉」的頻率上？簡直令人噴飯又笑掉大牙！

還是一句老話：運氣永遠是人生的一個重要環節，拜恩將運氣完全否決，不知是依據什麼論文研究還是統計調查？

她大概也沒聽過因禍得福這幾個字，人生的遭遇瞬息萬變，有意外也有因果，沒有她想的那麼簡單。

喜歡或討厭什麼，就會如你所願？（原書第十七頁）

拜恩說，當你稱讚店裡的鞋子，你遲早會得到它，而當你嫌太貴的時候，就會得到其他昂貴的東西。

哇！這是什麼歪理，一個比較窮的人，會得到昂貴的東西？

第一名模林志玲是眾人羨慕與稱讚的對象，可是仰慕者都會得到漂亮的東西或抱得美人歸嗎？

美醜的看法因人而異是沒錯，但還是有一些共識存在，這些共識就可以吸引類似的東西到自己身上嗎？

當我痛罵通緝要犯很可惡的時候，就會有報應出現嗎？顯然拜恩碰到壞人壞事的時候都不會檢舉，因為會「傷及自己」，大家想想看，這是對的嗎？

負面思想盤據心頭，當然對身體不好，但採取行動制止，總比故意忽略好多了，拜恩為何要視負面思想為洪水猛獸呢？

愛會讓你自由？（原書第二〇頁）

拜恩引用耶穌的話：「真理必叫你們得以自由」，卻推論成：愛會讓你自由，怪哉？心中充滿愛，真的可以讓自己脫離恨的漩渦，但不會真的自由。

耶穌說的才是對的，認清真相，才不會陷死胡同或鑽牛角尖，許多男女愛得死去活來，請問，他們自由嗎？

認清真相可以換來真正的平靜，因而脫離情緒的風暴，達到真正的自由。

拜恩舉了一個例子，正好說明我是對的，她是錯的：

有一位女士遇上家暴，卻從不埋怨，並幻想未來會遇上好老公，後來果然在離婚後與一位好人結婚。

這位女士認清真相：埋怨無濟於事，辱罵更會招致嚴重後果，於是忍氣吞聲至離婚，前夫當然就不會跑來騷擾報復，拜恩卻解釋成女士付出愛？

不埋怨與付出愛是不一樣的，大家想想看，「以德報怨」與「以直報怨」一樣嗎？拜恩舉證錯誤卻渾然不知，實在有趣。

為自己帶來美好事物的能力是無限的？（原書第二十二頁）

這句話很奇怪，請問有誰擁有無限的能力？

如果歷史上從未有這樣的人物出現，拜恩就不該信口開河。

她的原意可能是為了激勵，但「為達目的，不擇手段」是對的嗎？

她可以說：能力是超乎想像的，也可以說：能力是豐沛巨大的，我都不會有意見，唯獨說成「無限」就太誇張了，又不是神。

此外，擁有美好人生的人，不見得常談到他們喜愛的事物，譬如在混亂不堪的國度裡，過得最好的人常是工於心計、謹慎行事者，沒有設防的人反遭人欺侮陷害。

好與不好不可能同時存在？（原書第三十一頁）

拜恩認為，好的感覺，不可能與負面思想並存，壞的感覺，也不可能與正面思想同在。以我為例，嘴裡總是有潰瘍存在，台語叫做「嘴破」，完全沒有口瘡的日子不多。可能是體質，加上壓力引起的，我已經習以為常了，通常在長假期間就消失。

然而，我常常在嘴裡有五個潰瘍的痛楚下，依然談笑風生，眼尖的人可以看到我的眼角流下眼淚，那是因為痛而引起的！

所以，不好的感覺，可以與正面思想相伴相隨，否則在安寧病房的末期患者，都沒有正面思想嗎？

同理，許多犯罪的快感，卻奠基於負面思想之上，當然這是一種病態，但拜恩不可能不知道吧？

被蚊子叮與車子拋錨都是負面思想引起的？（原書第三十三頁）

我的天啊，這種話能聽嗎？

蚊子是依循熱氣與二氧化碳濃度高的地方飛去，以便吸血維生，與負面思想有何關聯？車子拋錨與零件故障或操作錯誤有關，拜恩居然扯到負面思想譬如惱怒上，實在令人大感不解。

聽到這些話，一般人頂多覺得荒唐而已，若讓蚊子習性研究學者或修車師傅知道，恐怕會勃然大怒了！

現代的分工極細，唯有尊重專業，才是最健康的生活態度，像拜恩這種包山包海的浮濫言論，不僅貽笑大方，甚至會出意外，譬如因輕忽蚊蟲而致病，因沒保養車子而出車禍。

每天感謝所有的人、事、物？（原書第三十三頁）

拜恩建議，每天花幾分鐘感謝周遭的一切。我不反對這樣做，但應該只限於親友吧？對著無生命的事物道謝，是否過於虛偽呢？

譬如抹布吧，叫我對著骯髒的抹布感恩，說實話，辦不到。

有些情況也不宜感恩，譬如身上的病痛，有些宗教人士會對著病痛言謝，因為他們認為是一種美好來生之前的試煉。

不過，有病痛就應該治療吧？我們應該感謝的是別人的病痛促進了醫學的進步，讓我們知道保健與治療之道，而不是病痛本身。

有病痛卻只感謝而不治療，很容易變成大病，然後難以治癒，這不是顯而易見的道理嗎？

生命的一切都不是偶發，而是對自己的回應？（原書第三十五頁）

前面已提過丟骰子的實驗，這裡強調另一個層面的問題。

拜恩認為世上無巧合，若以丟骰子的力道、角度、方向、空氣的流動、以及骰子本身的材質重量分布來看，擲出某個點數真的不是巧合，因為只要上述因素改變一點點，結果就不一樣了。

即使丟骰子，對大自然而言不是巧合，對人類來說還是巧合，因為與思想或思維無關，即使動用所有科學也無法預測。

所謂天底下無新鮮事，大自然有一定的運行法則，骰子的點數也不例外，但結果還是與人類的思想法則無關。

在量子的微觀世界中，機率概率決定一切，更是人類常識無從置喙的地方，拜恩應該看一些物理的科普書籍，就不會那麼反對機率巧合了。

你想要的全是美好感受推動的？（原書第三十七頁）

這句話有漏洞，許多東西反而是不好的感受推動出來的，譬如武器、警局、監獄等。如果我們對犯人盡是正面思想，何必設立以上三種來防備他們呢？好言相勸不就行了？所以，拜恩的邏輯不通，我們想要的事物是由正、負面思想聯合推動的，怎可能是單一因素？

以保險為例，有些人真的是這樣想：「我生病或死亡，不要拖累家人，所以要投保。」但也有人是這樣想：「萬一得病沒錢醫，痛苦至死怎麼辦？所以要投保。」前者是正面思想，後者是負面思想，但不能說孰優孰劣，兩者皆是正常的考量。

我不知道拜恩自己有無保險，如果有恐怕也不周全，因為他可能視保險為詛咒自己，連想都不敢想。

現在她賺翻了，恐怕更不可能投保或加保，我比較「負面」怕死，人壽、醫療、意外險一應俱全，哈哈！

先付出快樂，才能得到快樂？（原書第三十八頁）

拜恩的意思是：無需等到某個階段，現在就可以快樂了，譬如不必等到買房、旅行、成功、小孩念完大學，現在就可以先快樂起來。

基本上我認同這些概念，所謂過程與結果同樣重要，不能只看重結果。不過，也有人真的在事業有成或小孩長大後才比較快樂，研究更發現，一般人在老年時期比較快樂，所以不能一概而論。

拜恩卻認為等待快樂違反愛的運作方式，並牴觸吸引力法則，我覺得言過其實了，凡事大多有例外，不能把話說死。

將過程與結果看得同樣重要，是很不容易的，我也克服了不少心理障礙才勉強達成，大家應該心有同感吧？

所有負面感覺源自於缺乏愛？（原書第四〇頁）

這又是以偏概全的說法，隨便列舉一個例子就推翻了：

當我們生病覺得不舒服的時候，是身體的感覺傳至大腦而引起的，與愛有何關係？

如果改成：「所有負面思想源自於缺乏愛」還比較說得通，不過仍有例外，譬如武器是用來殺人的，研發者只是想賺錢而已，並非缺乏愛。

此外，負面感覺比較容易在疲倦的時候產生，原因是睡眠不足，這是大家都經歷過的，如果有人說你缺乏愛，你相信嗎？

以開車為例，在睡不飽的狀況下，比較容易心浮氣躁，在睡飽的狀況下，就比較平靜，完全與愛無關吧？

收到巨額帳單與東西故障是對金錢感覺不好的結果？（原書第四十七頁）

拜恩說，當你對金錢感受不佳時，可能會收到巨額帳單或東西故障，更榨乾你的錢。真是胡言亂語何時了！

巨額帳單的原因有很多，譬如交通罰款，但通常是因為精神不濟或貪快，跟對錢的觀感有何關聯？

東西故障的原因更多，必須求助於專業維修人員，與對錢的印象實在是八竿子打不著，拜恩胡謅的功力也太差了吧？

如果改成：「人際關係變差是對金錢感覺不好的結果」，還有點道理，因為與朋友斤斤計較金錢，是有可能嚇跑朋友的。

事實上，世上很少人對金錢抱持負面想法，只有自己的錢太少，或別人的錢太多時，才會抱怨，這是人之常情，拜恩卻「牽拖」到巨額帳單與東西故障，離譜至極。

不相干的事情其實是吸引力法則在作用？（原書第五十一頁）

拜恩舉的例子總是有問題，請看：

當你抱怨某店的店員，幾個小時後鄰居打電話來抱怨你的狗亂叫，兩者有關？拜恩相當不重視專業，狗會亂吠，必須請教動物學家或獸醫，才能了解原因，她卻給出答案，是狗主人的抱怨引起的，天啊！

再請大家看個例子：

當妳幫別人撿東西之後，就找到一個停車位；幫孩子寫功課，隔天獲得更多的退稅；幫朋友的忙，老闆突然送兩張比賽入場券。

這些例子根本就是巧合，拜恩硬說是吸引力法則在作用，夫復何言？

既然她這麼推崇吸引力法則，可以請她到街上找六個人，請他們自行商量，然後對著骰子發出念力，譬如A君發出點數1的念力，B君發出2的念力……F君發出6的念力。

然後拜恩擲出骰子，六個人一定有一個人命中點數，難道拜恩要當場跪下來拜命中者為「吸引力大師」嗎？如果她不願意，就代表吸引力法則有漏洞！

好事常常不斷、衰運常常連連？（原書第五十三頁）

依照吸引力法則，每個人都很容易好事不斷或衰運連連。

可是，中國古諺卻說：「福無雙至，禍不單行。」怎麼會這樣？

我個人認為，精神不濟或恍惚，才是衰運連連的源頭。

換句話說，即使運氣不佳遇上禍事，只要精神不錯，就不會衰運連連；如果運氣超好遇上喜事，只要精神不佳，就會福無雙至了。

我的說法才是真正符合真相的，拜恩的吸引力法則根本罔顧事實。

大家如果下過棋，就會明白一個道理，精神不濟很容易下錯，所謂人生如棋，只靠正面的信念，卻不好好睡覺，怎能寄望得到好結果？

曾有人問我，什麼是科學的改運法，答案就是增加睡眠！或者，改善睡眠品質！

我本身是黑白棋高手，寫過黑白棋書，深知錯一著全盤輸的道理，人生不也如此嗎？

唯有旺盛的精神以及步步為營的態度，才能享有比較好的生活，絕非拜恩所言之天馬行空不斷幻想就可以成功，大家務必認清真相。

活在當下才是對的？（原書第五十六頁）

拜恩認為，今天的感覺才是重要的，只有今天才能決定未來。她說的沒錯，活在當下是最重要的，但吸引力法則又鼓勵幻想未來，互相矛盾，怎麼解釋？

我個人的看法是，活在當下必須占去大部分的時間，設想未來只能利用一小段時光，但不能完全沒有。

人類之所以存活至今，沒有滅絕，就是善於未雨綢繆，否則早就被無情的大自然消滅了。根據化石紀錄，人類演化史上有許多旁支親戚，但全部走向滅絕，唯有人類這一支留存下來，可見計畫未來不是缺點，而是生存法寶。

不過，未來很難預料，整天想著未來如何如何，是浪費時間，且無濟於事的，我的建議是偶一為之可也，真正需要全力以赴的是眼前的事。

至於宗教修行上所謂的活在當下，又是另一回事，通常是觀想體內有一物體持續發光不消退，與一般人的認知不同，這裡暫且不提。

渴望就是愛？（原書第六十三頁）

拜恩認為，心中沒有足夠的渴望，就沒有足夠的動力去駕馭愛的力量。

說真的，拜恩這種牽強附會的說法，只是讓人越聽越糊塗而已，渴望與愛有何關聯？我渴望吃雞腿，就必須殺雞，難道是愛雞的表現？

沒錯，渴望是許多行為的動力，可以完成許多事，但與愛是不相干的兩件事，為何要牽扯在一起？

拜恩將愛無限上綱，變成正面思想的源頭，看起來很偉大卻是經不起考驗。

以武器研發專家為例，他們渴望研發出更厲害的武器，當然是以殺人越多、範圍越大為考量，請問，這與愛有關係嗎？

武器使用得當，可以發揮嚇阻力量，換來和平，或許是愛的表現，但僅限於愛同胞而非愛敵人。

所以，世上大多數的成就，或許與渴望有關，就是與愛無關，或很少關聯，這是事實的真相。

我自己就有發展出一套解釋靈異現象的理論：「訊息不滅」，但與愛毫無關係，純屬個人興趣與渴望使然。

隨便找一個原創者，恐怕都不認為自己的動機是愛，拜恩實在應該自己去調查一下，不要妄發怪論。

愛花得花，愛裙子得裙子？（原書第六十四、六十五頁）

拜恩舉的例子總是相當奇怪，譬如有個女人想像白色海芋在手上，後來真的得到一朵；她自己喜歡一件裙子，後來也真的在異地買到同一款裙子。

如果白色海芋與那款裙子真是稀世珍寶，我承認那樣的奇遇真是難以解釋，不能以巧合隨便套用。

問題是，白色海芋與那款裙子多得不得了，想遇上第二件難道很難嗎？為何要將生活過得這麼神祕兮兮呢？彷彿有強大的靈異力量在左右，換成是我，實在無法輕鬆自在樂逍遙了。

如果拜恩舉的例子是極為少見的東西，我就不會在這裡吹毛求疵了，因為也沒什麼毛病可挑。

說實話，如果我遇上同樣的絕世珍品，也不會想成是偉大的超能力，還是認定為巧合，將自己膨脹成偉大的吸引力大師，是對的嗎？

有自信與有超能力，兩者是不一樣的，前者是正常現象，後者有經神病之嫌，不可混為一談。

全世界絕大多數的成功者，很少自認為有偉大的超能力，拜恩自爽就好，不要教壞他人。遺憾的是，大多數人總是喜歡被說成超能力者，我的苦口婆心恐怕不甚中聽，唉！

應該常常想像你最好最棒的狀態？（原書第六十七頁）

拜恩建議，要把想像力延伸到極致，出現自己最好最棒的畫面。

我只能說，癡心妄想到極點！

許多童話的結局，都是男女主角過著永遠幸福快樂的日子，難道《力量》是一本童話故事？

寫給大人看的小說，就不會有這樣的問題，因為任何頭腦清楚的大人都知道完美的結局是不可能的。

我們當然可以想像自己變好變棒，但想得太好，就是一種「完美主義者」，可就不好了！心理學上有所謂「A型人格」，就是完美主義者，常常有心臟病或胃潰瘍的問題，大家希望變成這樣嗎？

我們常常說追求進步，這是非常健康的心態，但拜恩居然提高門檻到「最」的地步，置身體健康於不顧，太離譜了。

另有所謂「B型人格」，意指比較放任的人，通常易出意外，「C型人格」則是壓抑性格者，通常易罹患癌症。

中國人講究中庸之道，過與不及都不好，希望大家可以認清這樣的事實。

不該想像最糟的狀況？（原書第六十八頁）

拜恩是一位完全不想退路的人，因為一旦稍微觸及，便是日後任何挫折的源頭，所以，她認為不該想像最糟的狀況。

這就是吸引力法則的最大問題，把巧合完全排除後，只能把失敗硬推給過去的「負面思想」上，依照這樣的邏輯，投保犯下大忌，是嚴重的錯誤？

人壽保險就是想像自己最糟的狀況——死亡，而醫療保險是次糟的狀況——住院，拜恩如果有投保，就是自我矛盾！

另外還有火險、地震險、強制責任險等一大堆，難道都不應該投保？

天下不如意事十之八九，這是國父孫中山先生說的，他那麼偉大，居然有這樣的感慨，顯示挫折失敗是難免的。

既然挫折如影隨形，我們更應該事前防範，才能減少發生的機會，豈可完全不想？

許多緊急應變措施都有所謂A、B、C……方案，最後一個方案就是設想最糟的情況發生，拜恩難道反對這樣的方案嗎？

其實她不太可能反對，但明顯與吸引力法則相牴觸，一個思想混亂又矛盾的暢銷作家，會害多少人，想來令人不寒而慄！

想像走失的狗，就可以再見到牠？（原書第七〇頁）

拜恩的狗曾走失過，她以栩栩如生的想像，終於等到有人撿到送回。她想像狗在家中一如往昔，不但提供狗食，還聽到項圈發出的鈴鐺聲。這就是拜恩的問題，否認運氣巧合的存在，以至於做出荒唐的舉動！

在台灣走失的狗，常常是被車撞死，如果是有身價的寵物，就可能被人抱走，重回主人懷抱的情形不多見。我小時候也有一隻狗被人綁走三個月，後來牠咬斷繩索自行跑回家，當時牠欣喜若狂撲向我，想來令人感動！

不過，那三個月之中，我沒有想像牠在家中的模樣，還不是重回我的懷抱？

運氣就是運氣，我不理解有人會如此堅決反對其存在，拜恩面對我的狗案例，不知如何解釋？

許多傷心的人，會想像走失的寵物猶在身邊，但那是觸景傷情或睹物思情，絕不是發出什麼超能力扭轉乾坤，不能混為一談。

真正應該做的，不是發神經胡亂想像，而是找人幫忙協尋，以任何有效的方法挽回遺憾。我說的沒錯吧？

想像你想要的任何事物？（原書第七十二頁）

拜恩舉了好幾個例子，譬如想像良好的人際關係、工作突飛猛進、獲得喜歡的錢、身體非常健康等。

我覺得這些想像全是浪費時間，且毫無可靠的效果可言，不如進行以下方法，還比較可以收到立竿見影之效：

研究人際關係學：如果不懂人際相處之道，怎可能有良好的人際關係？

研究時間管理：如果不懂事情的輕重緩急，怎可能有良好的工作效率？

增加睡眠、均衡飲食、適度運動、放鬆冥想：這些才是促進健康的王道，拜恩難道不知道嗎？

想像自己各方面都完美，只能偶爾自娛自樂一下，讓單調無聊的生活多一點色彩，豈能當真？

我提到的才是真正腳踏實地的方法，特別是健康之道，更是我的職業專長（醫師），拜恩居然包山包海，無視專業，可歎！

至於放鬆冥想，我在最後一章會提到，都是有憑有據，且有權威人士背書的，絕非拜恩所想的「力量」那麼簡單。

想像夠逼真，就可以心想事成？（原書第七十五頁）

拜恩舉了一個例子，某位女士愛馬如癡，卻買不起馬，於是就買下馬的周邊產品，甚至帶小孩試穿馬靴。

她每天還幻想一匹馬在家中庭院漫步，沒事時以畫馬自娛。後來在一次展覽會上，抽中大獎，就是一匹馬。

問題來了，多少人幻想中了頭彩後怎麼花用，為何後來都沒中？

拜恩大概沒有這種經驗，買彩券的人談到興高采烈時，連獎金怎麼領、怎麼分、怎麼利用的細節都有，後來卻是空歡喜一場。

反而許多中頭彩的人不知所措，不但常常失眠，還向他人徵詢如何利用這筆錢，所以根本不是所謂的心想事成。

曾有人寫書，特別強調心不想事成，也就是說越無心理負擔，越能全力以赴，反而達成目標。

我覺得，想不想根本不是重點，世事不會因你多想而垂手可得，也不會因你不想而永遠無關，一切歸因於努力與運氣！

只要將運氣巧合當真，世上就沒有玄奇的事，也不會神祕兮兮，以為發生了什麼偉大的超能力，我說的沒錯吧？

人的周圍電磁場，就是吸引力來源？（原書第八十一頁）

拜恩認為，人的周圍有一圈光環或光暈，古書上就有這樣的描繪，是吸引力法則發揮作用的源頭。

天啊！居然將物理上的磁場，硬掰成「靈學」上的磁場，根本是胡扯！

人的周圍當然有電磁場，但非常微弱，一離開皮膚就幾乎測不到，與吸引力毫無關係。

至於靈學上的磁場，也是很有問題的，不同的靈媒，看同一個人，會有不同的光環，到底誰說的才是對的？

我不敢否認靈學磁場，但A大師說某人的磁場是白色的，B大師卻說是紫色的，怎麼辦？

如果境界最高的人看的最準，請問，誰是世上功夫最強的人？拜恩說的出來嗎？

如果無法定出客觀標準，靈學磁場只是公說公有理、婆說婆有理的自由心證，根本不能盡信。

一個可以信口開河的磁場，會是偉大的「吸引力」的來源？太可笑了！

我完全沒有吹毛求疵，只是就事論事，希望大家看清真相。

沒買到花是好事，後來卻得到花？（原書第八十三頁）

拜恩說自己愛花，有時卻因花市休市而買不到花，不但不失望，反而慶幸是好事，沒多久就得到一大束花。

她的姊姊託人送來花，於是便認定為正面思想（認為是好事）吸引來的。

實在很奇怪，拜恩為何不明說姊姊送花的原因？還是不敢說？

我覺得是不敢說，原因可能與吸引力無關，譬如花市大特價，她姊姊多買一些送她而已。

如果她姊姊說：突然感到或在夢中察覺拜恩需要花，於是買來相送，就有可能是吸引力法則在作用，可惜拜恩沒這樣說。

沒有科學頭腦是很悲哀的事，拜恩舉的例子缺乏可信的邏輯，又沒有心電感應的蛛絲馬跡，實在不值得重視。

而且，認為沒花可買是好事，依照拜恩的吸引力法則，應該演變成好幾天沒花可買，怎會有相反的結果呢？

所以，話都是她說的，隨便亂編來符合她自己的想像，大家還願意相信嗎？

你的願望都太小了？（原書第八十五頁）

拜恩認為，我們的願望都太小了，等於對吸引力法則說，得不到再大一點的願望，所以總是以失敗收場。

拜恩犯下嚴重錯誤，希特勒與日本軍閥的願望都是征服世界，願望夠大了吧，結果呢？

她還說，把願望想成一個圓點還太過頭，因為對愛的力量來說，願望比圓點還小。

那麼，野心家完全符合拜恩的說法，真是太離譜了。

所謂「好高騖遠」、「眼高手低」、「不切實際」，全是形容拜恩說法最貼切的詞句，暢銷作家居然這樣作為，令人齒冷。

愛的力量很偉大，我不否認，但與願望有何關係？

我反而覺得，我們的願望都太大了，所以才有挫折感，一帆風順的人很少吧？

其實，願望大小是不重要的，重要的是符合實際，一個乞丐的願望是首富，就是願望太大，一個財團董事長的願望是首富，就沒有什麼問題了。

教人立志是好事，但應該循序漸進，按部就班，從小願望開始，再逐步擴大理想。

我們可以說，三十年後想當總統，卻不能說現在就要，現在的願望應該是做個稱職的黨員吧？

想像已痊癒，創傷就會康復？（原書第八十七頁）

拜恩建議，已受傷的人必須多多想像自己完全恢復健康的樣子，就真的會帶來康復。

我們當然可以期望自己快好，但怎可以假裝已痊癒？

如果只是想像，對傷口可能沒什麼影響，但拜恩說的是逼真的想像，不就等於可走、可跳、可跑？

大家想想看，有傷口在身，卻不聽醫師指示而進行日常活動，譬如行走或跑步，還有癒合的可能嗎？

拜恩對我的說法可能會抗議，因為她只說「想像」而已，問題是，想像痊癒卻不去走動，還算是真正的想像嗎？

許多大聯盟投手在手臂出現不適之際，還以為沒問題而繼續投下去，結果整個球季報銷，入院接受手術，都是假裝痊癒的後果，不知拜恩如何解釋？

許多老人也以為自己沒問題，作出年輕時的動作，結果骨折入院，不知拜恩怎麼看待？

我們應該活在真相中，譬如真的受傷了，怎能活在謊言裡，譬如已痊癒了？

自欺欺人或自不量力，都是不好的行為，大家務必認清這個事實，以免招來惡果。

每天花七分鐘，想像自己已得到想要的事物？（原書第八十八頁）

拜恩這樣建議，令人想到有浪費時間之嫌，拿來做其他有意義的事不是更好？

每個人都有憧憬的夢想，活在夢想中並得意洋洋是常發生的，長輩總是會訓斥，不該做這種「白日夢」。

哈佛大學的研究發現，人們有46.9%的時間在胡思亂想，包括白日夢，而這段時間總是最不快樂的。

他們又發現，活在當下最快樂，而且比想像愉快的事情還快樂。

哈佛大學的研究人員舉出一些活在當下的例子，譬如魚水之歡、運動以及與朋友深入對話等，另外還指出以下活動容易放空頭腦：休息、工作、使用家用電腦。

既然已有46.9%的時間在亂想，加上拜恩建議的七分鐘，豈不更糟？

我們應該減少做白日夢的時間，腳踏實地，實事求是，怎可火上加油？治絲益棼？

將眼前的事盡量做好、做完，再來幻想未來，不是比較好嗎？

轉移不好的感覺的方法是愛或放輕鬆？（原書第九〇、九十二頁）

拜恩提供的方法居然有兩種，第一種是放愛進去，第二種是放輕鬆、開心玩，到底是哪一種？

愛不等於玩，拜恩難道不知道嗎？我的看法是，放輕鬆是正確的，放愛進去只是唱高調而已。

當我們覺得煩悶痛苦時，放輕鬆轉移焦點，當然是心理學界推薦的方法之一，卻從未聽聞有放愛進去這種怪招。

問題是，怎麼放愛進去？拜恩沒說明，我也想不出辦法，難道是想像心中充滿愛的光芒？

修行界的確有冥想光芒的心法，但通常不是愛的光芒，而是越亮越好的光芒，拜恩恐怕不是講這個。

至於放輕鬆，不一定是開心玩，因為在傷心苦悶的時候，很難玩得起來，我的看法是轉移注意力，譬如聽音樂、運動或自我催眠放鬆肌肉。

關於逐步放鬆肌肉，我會在下一章詳述，大家可自行翻閱。

肥胖與不孕是自找的？（原書第一〇一頁）

拜恩認為，因肥胖而難過，或因不孕而沮喪，就會持續肥胖或不孕。

拜恩大概忘記「厭食症」這種疾病，這類病人一直以為自己很肥胖，即使已骨瘦嶙峋，還是拒絕進食，正好是反證。

而且許多減肥成功的人，也曾經羨慕別人的好身材，並為自己的肥胖難過，怎麼解釋？

減肥成功是運動或節食所致，跟「自以為」有何關聯？不孕症是更專業的項目，只有婦產科醫師才能判斷病因，拜恩為何要胡言亂語呢？她認為，看到別人的小孩就覺得沮喪，會使不孕持續下去，大家以為呢？

我建議拜恩應該開一個課程，召集婦產科醫師進行再教育，讓他們知道什麼才是不孕症的原因？

實在太可笑了，一個非專業人士竟然擅自編造專業的東西，如果還有人要相信，我也無話可說了。

現代社會的分工變得極為精細，一個外行的人若隨便發表言論，很容易被專業人士恥笑，減重門診與不孕症門診醫師看到拜恩的說法，想必不以為然，甚至一笑置之了。

看到不好的事物，趕快避開以免受影響？（原書第一〇二、一〇四頁）

拜恩指出，評斷別人很壞，就會為自己帶來負面的東西，所以應該避開不談。

這讓我想到許多父母，聽到小孩提及死亡，就趕快制止，以免有不良影響。

表面上看起來，不好的東西少碰為妙，是正確的舉動，但問題還是沒解決，遲早會再遇上的。

社會上有恐龍法官、塑化劑污染、歹徒罪犯等不好的事物，我們可以趕快避開嗎？好像不可能吧。

真正會影響身心健康的是情緒不佳，如果我們在談論壞人壞事的時候，臉紅脖子粗又心悸不已，就不妙了，但如果只是一點點不爽呢？

避開不談只是一種逃避問題的幼稚行為，而且可能會助長壞人壞事的蔓延，我們應該學會控制情緒，讓負面心情適可而止，以理性來面對，這樣不是更好嗎？

拜恩說，不要評斷，事實上，她已經在評斷了，否則怎麼辨別好事與壞事？

正確的說法是，盡量減少不好的情緒，彷彿一位犯罪學者在談論犯罪事實一般，冷靜而客觀，不帶有個人情感，我說的沒錯吧？

無論期望多麼美好，都有可能成真？（原書第一〇六頁）

拜恩是用另一種說法：沒有一樣事物好到你不能擁有。我覺得非常荒謬，她在鼓勵貪婪。知足常樂，古有明訓，當慾望大到如無底深淵時，怎能常樂呢？

每個人都會幻想，而且有可能到達極致，譬如幻想自己受到萬人景仰朝拜，只要不當真，其實都沒問題。

目前許多小說或電影都有個共同情節，男女主角擁有超能力，在危急存亡之際發揮出來，反敗為勝，扭轉乾坤。

讀小說或看電影的人大多知道，那些不可思議的神力或神功只是虛構的，在現實世界中是不可能出現的。

拜恩卻鼓勵人們做不切實際的白日夢，而且還推崇超人般的憧憬，太誇張了。若有人幻想自己是皇帝，請問拜恩，這是好得不能再好的理想，在民主自由的台灣，有可能發生嗎？

每個人都可以立下宏願，但不能太離譜，難道希望千千萬萬人向自己跪地朝拜，也可能發生嗎？

認清事實、埋頭苦幹，才有可能達成宏願的一部分而已，因為不可能要什麼有什麼，大家不要被拜恩騙了。

去做自己喜歡的一切，因為可以感受愛？（原書第一二〇頁）

這句話是大多數人的寫照，根本不必強調，但有個問題——健康。

曾有一個病人問醫師，他的身上有那麼多病，除了吃藥以外，日子要怎麼過？

醫師居然回答：吃妳不喜歡的食物，做你不喜歡的事情，就可以了！

大家可能會覺得奇怪，醫師怎麼可以這樣講？其實是這病人生活作息不正常，又吃過甜、過鹹、過油的食物，以至於百病纏身，醫師不得不說出狠話。

所以在健康方面，真的不可以做自己喜歡的一切，必須參考醫學上的見解。

或許有人會問，人類為何演化成好吃懶做又貪玩的品種，卻不會滅絕呢？當然這是指本性而言。

任何人都不喜歡辛苦的工作，這是無需解釋的，但喜歡吃口味重的食物，是源自於環境壓力。

早期全球人類曾銳減至兩千人左右，這些人可以存活下來，是因為嗜吃高油脂的食物以抵抗嚴寒或飢餓，結果當初可以保命的法寶，卻變成現在的健康殺手。

如果每個人都做自己喜歡的一切，那骯髒、危險、又累人的工作誰來做？

給出越多愛，意識越清明？（原書第一二三、一二四頁）

拜恩的意思是，你給出越多的愛，就越有警覺，越有知覺，越可以掌控心智。

她又錯了！

情緒越平穩，意識越不會被牽著走，才能越清明、警醒。

所謂人生如夢，當你不隨著夢的情節而喜怒哀樂時，才能「大夢初醒」，保持清楚的覺知，跟愛有何關係？

拜恩大概發覺自己講錯，隨即修正為：「持續向自己發問，可以維持警覺的心智」，這就非常正確了，因為質疑自己起伏的情緒，可以拉回走失的心智。

可是，愛與提問是不一樣的，拜恩兩者都提到，讓人無所適從，搞不清楚哪個才是對的。

許多熱戀中的男女，她們給出的愛還不夠多？結果呢？反而看不清世事的真相，等到熱戀消退後才能理性行事。

拜恩推崇愛至不可思議的程度，卻又改口修正為發問，這種前後不一的論調，讓人一頭霧水，請大家務必注意。

感恩是愛的最高表現形式？（原書第一二七、一三〇頁）

拜恩這句話讓人摸不著頭緒，難道世上所有表達感激的人，都是至愛者？

在我看來，光是感恩是不行的，還要付出，甚至是無條件付出，才是最高的表現形式。

許多公益團體或基金會，就是最佳典範，他們不會流於口號形式，而是以行動表達愛心，拜恩有想到嗎？

以前健康幼稚園火燒車事件，林靖娟老師奮勇救出許多學童，自己卻陷身火海喪命，令人唏噓。

如今基金會成立，戮力於學童安全的宣導與維護，這些行為比單純的感恩有意義多了。如果拜恩說的是對的，每年定期到林老師的墳前上香送花，表達感恩，就是愛的最高表現形式嗎？

真正該做的是，不要讓類似事件重演，讓感恩發揮到極致，惠及後代子孫，才是至愛至德，我說的沒錯吧？

所以，拜恩的這句話應改為「付出是愛的最高表現形式」，感恩只是動機而已，光說不練是不行的。

這不是雞蛋裡挑骨頭，而是把話說清楚，可以減少許多誤解。

三位名人成功的證明？（原書第一三八頁）

拜恩舉出三位名人，描寫他們的心路歷程，姑不論是否真有其事，我查到的資料卻不太一樣。

第一位名人是藍斯．阿姆斯壯，拜恩說他一直想像自己成功，就真的獲得七次環法自行車賽冠軍。

問題是阿姆斯壯被驗出服用禁藥，正接受調查，他的成功值得頌揚嗎？

第二位名人是阿諾．史瓦辛格，拜恩也說他不斷想像自己成為出色演員，就真的演出好多部賣座電影。

可是我查到的資料顯示，阿諾是因為健壯的形象而獲得演出的機會，與自己想像無關。

第三位名人是尼古拉．特斯拉，拜恩認為他創造自己想像的世界，就真的得到三百多項電氣專利發明。

很遺憾，我找到的資訊卻表明，尼古拉擁有照相機一般的心智，可以記下整本書，因而博學多聞，觸類旁通，並非以空想獲取靈感。

所以，名人的成功必須觀其行，不能只聽其言，他們演講的台詞通常有美化之嫌，不能盡信。

我們不能只看事情的表象，必須深入探究其背後的隱藏線索，才能找出真相，大家以為呢？

富人對錢的好感覺，多於不好的感覺？（原書第一四九頁）

這是拜恩想當然耳的推論，事實呢？我曾親眼看見很有錢的人，從口袋裡掏出一把鈔票，大家猜得出來是什麼樣子嗎？

結果是揉成一團的鈔票，乍看之下會以為是垃圾紙團！

一個對錢有好感覺的人，會這樣對待鈔票嗎？

或許有人會說，對紙鈔不好，不見得對金錢的觀念不好，如果真有這樣的人，還真奇怪呢！

大家想想看，自己心愛的東西，會揉成一團塞在口袋裡嗎？

我常常看到揉成一團的發票，被棄置在街道上，如果說發票主人很愛發票，有誰會相信？

富人對錢的感覺有好有壞，但不一定哪個比較多，我認為跟一般人差不多，真正的差別是富人比較會賺錢而已。

拜恩寫書的時候，先預設立場，然後越寫越順，連未經求證的地方都一網打盡，造成錯誤百出，請大家務必留意。

對錢有不好的感覺是錯的？（原書第一五〇頁）

拜恩舉了一些例子：「我們買不起那個」、「錢是萬惡淵藪」、「有錢人一定不誠實」、「想要錢是錯的，而且很俗氣」、「要擁有很多錢，意味著要拼命工作」，她說這些全錯。這些想法都是一般人曾有的印象，實在不必大驚小怪，說成貧窮的根源。

譬如「我們買不起那個」有何錯誤？事實陳述也算錯嗎？以後買得起不就行了？「錢是萬惡淵藪」也不能算錯，毒梟的錢不就是如此嗎？只需改成有時是萬惡淵藪就行了。

「有錢人不誠實又俗氣」也只需要改成「有時候是如此」就行了。

至於「想賺大錢，必須拼命工作」，我不認為有什麼錯，所謂一分耕耘一分收穫，不勞而獲是不良示範，一般人都會嫌棄，拜恩難道會推崇這種人嗎？

舉例來說，超級頭彩得主是眾人羨慕的對象，卻不是尊敬崇拜的對象，因為是不勞而獲嘛，拜恩到底有沒有弄清楚這個淺顯的道理？

錢永遠跟著愛在走？（原書第一五一頁）

拜恩認為，錢永遠會流到「愛」最多的人，使他們變得富有。

她的意思是，「愛」會啟動吸引力法則，使錢自動流過去。

這又是一個胡言亂語的推論，那些最有愛心的人，大多不是有錢人，譬如大愛獎得主、亞洲英雄獎得主、志工獎得主，拜恩怎麼解釋？

如果修改成「錢永遠跟著創意在走」，就比較有道理了，譬如一些3C產品，相當有創意，也賺了好多錢。

我實在搞不懂，社會上賺大錢的例子很多，處處顯示創意的威力，拜恩竟然看不到嗎？

那麼，愛是創意的源頭嗎？當然不是，創意常常在百思不得其解之後，某個不經意的場合突然出現，跟愛毫無關聯。大家可以看看國際發明展的大獎得主，都是在一番嘗試錯誤之後，某日靈光乍現，一舉突破瓶頸，絕非什麼愛到最高點之後的結果。

所以，將愛推廣到無所不能的最高境界，是非常荒唐的，與金錢頂多只有偶然間接的關係，這是務必認清的事實。

頭彩得主回復到得獎前的狀態，是因為缺乏愛？（原書第一五二頁）

調查顯示，大多數樂透彩的得主，在幾年的狂歡之後，又恢復成原來的經濟狀況，甚至更糟。

任何人看到這樣的調查，都會認為是奢侈浪費所致，唯獨拜恩發出怪論，說是缺乏愛使然。

一個一毛不拔、吝嗇成性的鐵公雞，在獲得樂透獎金之後，會變成赤貧嗎？當然不可能。

所以，能不能保有巨額獎金，與愛沒什麼關係，反而與奢侈的本性有關。

一個愛慕虛榮的人，或許與缺乏愛有關，但也有可能只是缺乏安全感，需擁有大量物質來滿足而已。

人的慾望如無底洞，若在贏得頭彩後不知足，還想賺更多，就有可能在投資上血本無歸，這也是有些得主的下場。

我的看法是，浪費與貪心，是頭彩得主從雲端掉落谷底最重要的兩個原因，與愛的關係很小。

在帳單上寫感謝語，會引來更多錢？（原書第一五五頁）

拜恩認為，在未繳帳單上寫著「感謝你，已付清」、「感謝你給我這筆錢」，可啟動吸引力法則，引來更多財富到身上。

這真是一個奇怪的建議，繳不起帳單的錢，應該檢討原因，改正自己的賺錢理財方式，才是正確的作法吧？

對著無生命的紙單感謝，頭腦是不是有問題？如果想祈求上蒼幫忙，也應該抬頭感恩祈禱、雙手合十吧？

拜恩似乎將吸引力法則視為上帝的等級，可隨時監看人類的一舉一動，並作出適當的反應，我說的沒錯吧？

精神病院也有許多患者對著無生命的東西喃喃自語，難道上帝也管這種事？

我們可以感謝各行各業人士對我們的服務，但應該當面言謝，才有誠意，對著帳單感恩，提供服務的人卻感受不到，真是怪異的舉動。

腳踏實地的找出原因補救，才是獲取財富的王道，寄望虛無飄渺的法則來拯救自己，實在很不恰當，也不太可能成功。

想像自己被錄取，就真的被錄取？（原書第一六二頁）

拜恩的意思當然是啟動吸引力法則，不是一般人所想的充滿自信而獲得錄取。問題在於，面試的時候，充滿自信的人，真的比較容易獲得賞識與青睞嗎？有些面試官不喜歡驕傲與強勢，若應徵者表現出精明老練、捨我其誰的模樣，未必得到加分的效果，反而有可能適得其反，被淘汰出局。

徹底了解應徵的工作，表現出熱切的渴望，當然有助於面試通過，但千萬不能面露驕傲或得意，引來反感。

想像自己已擔任應徵的職位，是無可厚非的，但若過度想像，自以為是老鳥，忘了菜鳥應有的謙虛自制，就不恰當了。

若依照吸引力法則，不徹底想像自己成功，就有可能失敗，那麼菜鳥的想像是不合格的。許多公司喜歡新進人員的衝勁與一絲不苟，雖然資深人員也有經驗老到的好處，但互相配合才是最大的利基，這是不容否認的。

所以，吸引力法則是有問題的，與現實狀況是格格不入，大家務必看清真相。

付出比報酬更多的價值，事業將一飛沖天（原書第一六四頁）

拜恩寫的這句話是對的，可是與「愛」不一樣，到底是「付出」，還是「愛」？

「付出」的真正意涵是提高品質、效率或創意，讓消費者有物超所值的感覺，並願意繼續光顧、再次消費。

「愛」的真正意涵不是付出吧？愛自己的工作會盡力做好一切，卻不見得在品質與創意上超出所值，這是另一回事。

每個公司都有研發部門或人才，他們做的若讓消費者有「賺到了」的感覺，就是成功的付出，這與愛是不相干的。其他部門的人員則在服務上努力，讓消費者有「賓至如歸」的感覺，就是成功的付出，也與愛是不相干的。

也許拜恩的用詞不夠精確，不過每天想像愛自己的工作，跟實際耗費精力改善服務，兩者不一樣吧？

站在顧客的角度來看自己的工作，才是改進服務的最大關鍵，與空想或幻想愛是有很大的差別的。

我個人反對虛無縹緲的想望，或許不夠浪漫，但現實是殘酷，錯一著有可能全盤盡墨，還是步步為營比較好。

滿懷愛與歡笑，可以得到一部車？（原頁第一六五頁）

拜恩說，她的妹妹非常快樂，因而買到夢想中的車，過程是這樣的：她妹妹聽到兄弟買了新車後開心掉淚，後來自己的舊車被洪水損壞，她在遇險期間一直笑，最後拿到理賠支票，買了一部新車。

拜恩又犯了歸因錯誤的毛病，買新車與開心笑有什麼關係？在洪水中脫困，是運氣好，不是傻笑所致，許多幸運逃生者也沒笑，還不是沒事？而運氣好的原因，必須請教洪水專家，一般人也知道高處比低處安全的道理，拜恩的妹妹應該在地勢比較高的地方吧？

至於理賠支票是理所當然的，不論人員有無傷亡，保險公司一定要受理泡水車的賠償，與狂笑、傻笑、大笑是沒有關係的。

如果拜恩妹妹是這麼樂觀的人，依照吸引力法則，根本就不會涉險，應該在安穩的家中，冷眼看洪水的電視新聞吧？

批評別人，最後會回到自己身上？（原書第一七二頁）

當我們對別人表達憤怒或不耐煩的時候，心臟總是跳得比較快，對健康是有害的，這是無庸置疑的。

但若只是建設性的批評，就沒什麼問題，拜恩為何如此害怕批評呢？問題就出在吸引力法則，因為只要有一點點負面思想，譬如批評別人，就有可能導致後來的失敗或挫折。

這是很離譜的，將失敗牽拖到批評上，那麼，世上的評論家不就完蛋了？當然沒這回事。大家可以看看電視上的名嘴們，特別是政治名嘴，批評最厲害的賺最多，怪哉？批評有善意與惡意兩種，前者不但不會倒楣，甚至更發達成功，後者就有可能傷到自己了。

世界需要各種批評才能進步，平庸的政客更需要理性建言才能變好一些，怎可能視之為洪水猛獸，避之唯恐不及？吸引力法則本身也需要批評，才能變得完善一些，而不只是唬弄催眠的把戲，拜恩不反對吧？

許多公司行號都有「顧客意見表」供人填寫，照拜恩的說法，應該全部撤掉以免害人嗎？答案是很明顯的。

八卦也有黏性？（原書第一八三頁）

拜恩認為，談論八卦，道人長短，也會傷及自己，我很認同。不過，她提出的方法是不參與八卦的談論，並當場說感謝被談論的人的某項特質，我就不認同了，因為會得罪在場談論的人。

我的做法是盡量少看八卦新聞，譬如一些社會或影藝新聞，但問題來了，一般人都喜歡八卦，難道要離群索居嗎？

其實，多看一些知性節目，譬如國家地理頻道、動物星球頻道、Discovery 頻道，然後中斷八卦，主動抛出知識訊息就可以了。

我常常主動提到「在某個知性節目中看到有趣的畫面……」這類的話語，吸引周遭朋友的注意，便是移轉八卦的妙法。幫被談論的人說話，除了可能得罪人以外，也可能被貼上標籤，大家會以為你是一丘之貉、同流合污，豈不更糟糕？我說得沒錯吧？

廣受歡迎的人，大多感覺良好？（原書第一八八頁）

這句話在大多數的情況是對的，但必須考慮「強顏歡笑」、「表裡不一」等例子。有些諧星廣受歡迎，私下卻被人批評「難以相處」、「寂寞憂鬱」、「難搞」等。

我有一位朋友的修行境界很高，常處於迷醉的狀態，卻不是一位廣受歡迎的人，可見不能只看表面。

如果倒過來說，感覺良好之人，必廣受歡迎？當然不是，許多高傲的人也感覺良好，卻受人排擠。

我覺得常常微笑的人，真的會廣受歡迎，或至少不被人排斥，但微笑的背後是什麼，就是另一回事了。

絕大多數人都戴著所謂「面具」處世，讓自己的行為符合社會的期望，所以要看穿一個人，最重要的線索是肢體語言。

話語可以迷惑人，表情也可以欺瞞人，唯獨肢體語言很難不洩漏內心動機。所以，一些情報人員的訓練，就包括判讀肢體語言，已有不少書籍上市，大家可以去瀏覽看看。

付出愛，最後會回到自己身上？（原書第一八九頁）

這句話當然有問題，我舉一個例子給大家看：

一名婦人的兒子摔死，她慨然捐兒子的器官給五個人移植，結果兒子是愛滋病帶原者，反而害了那五個人。

這件事轟動國內，也震驚國際，兒子的母親發揮大愛，卻換來可怕的結局。當我們付出愛，只會產生所謂蝴蝶效應，甚至影響到全世界，是福是禍卻無法逆料。

許多人花錢買下一些動物來放生，自以為愛心滿滿，卻引來生態浩劫，這是始料未及吧？

正確的態度應該是付出愛，不要求回報，因為不知道是否「愛之，適足以害之」，拜恩的功利想法是錯的。

當我們捐錢給路邊的乞丐時，應該是一時惻隱之心使然，不要妄想「我會有福報」、「我會進天堂」等，因為全是無法預測的虛幻。

反過來說，也有人倒楣送命，卻換來更精良完善的制度與改進，可見吸引力法則不敵蝴蝶效應，後者才是真理，大家必須看穿真相。

疾病是身體無法放鬆的結果？（原書第二〇〇頁）

醫學已表明，疾病的原因常常是多重因素所致，非單一因素。以國人第一大死因癌症為例，幾乎都是遺傳基因的問題，加上致癌因子所致，放鬆並不是原因之一。

即使是壓抑型性格（C型人格），也只是「可能」與癌症有關，未獲完全證實。緊張、焦慮、恐懼等負面情緒，的確有可能引發疾病，這是非常確定的，但不是一定會發生，還須配合其他因素。

同樣緊張的氣氛，會使甲得到胃潰瘍，卻使乙得到氣喘，因為甲的胃本來就比較弱，乙的氣管本來就比較差嘛。

教導人們放鬆，真的可以減少疾病的產生，但不是完全杜絕疾病，這是必須搞清楚的一件事實。

我研究過世上許多超級人瑞（活過一百一十歲者），科學早已表明，除了生活習慣比較健康以外，基因是最重要的因素。

目前尚在世上的超級人瑞，沒有一個是放鬆、氣功、瑜珈、催眠大師，可見基因的力量有多大！

水的結晶美醜，會隨著人們情緒而定？（原書第二〇五頁）

拜恩提到是日本江本勝所著的《水知道答案》一書，宣稱人的意念可以改變雪花結構，但書中某些雪花的放大圖，已被踢爆與加州理工學院的物理學家拍的雪花照片一樣（如下網址），涉及造假，這是疑點一。（http://eternity.why3s.net/redirect.php?fid=6&tid=2748&goto=nextoldset）

他又列舉了一個實驗，即：在三個不同的瓶子裡裝上米飯，對第一個瓶子每天說「謝謝」，對第二個瓶子每天說「混蛋」，對第三個置之不理，結果：三個瓶子裡的米飯依次呈現發酵似的樣子、腐臭變黑和腐爛得更快。作者得出的結論是：米飯也通人性，對它置之不理，就是對它最大的傷害，所以腐爛得更快。

我做的實驗呈現完全不同的結果：

我認為飯粒沒有生命，怎麼可能聽懂人話？黴菌才有可能被念力影響，我的實驗結果是稱讚可以加速黴菌的生長，不是置之不理，怎麼會這樣？

其實，巧合可能才是真正的原因，黴菌孢子只是隨機落在瓶子中，以至於不同的實驗有不同的結果，江本勝的結論是有問題的，這是疑點二。

還有其他疑點，譬如江本勝的實驗有許多問題，舉例如下：

1. 缺少對照組，無法分辨結果是真的還是巧合。
2. 他本人應離開現場，否則有他的意志力在場，無法判斷單純文字的影響力。
3. 他必須解釋為何別人做不出同樣的結果。
4. 應該請外國人想像美好的字眼，卻把寫著罵人日語的紙片貼上水瓶，或反過來做，看看結果會怎樣。
5. 他必須定義什麼是美或醜的結晶。
6. 我做的黴菌實驗完全與外型無關，怎麼解釋？

不知大家看法如何？

對疾病有壞感覺，將無法獲得痊癒？（原書第二〇七頁）

這句話完全是胡說八道，我舉兩個例子給大家看看：

曾有一位先後罹患五種癌症的人，將癌症視為敵人，與之奮戰不懈後，竟然喜獲新生。

另位腦內長瘤的小孩，也在想像消滅敵人（腦瘤）之後，瘤居然不見了。

對抗癌症最成功的人，大多採取正面迎擊敵人的態度，不是愛，更不是拜恩說的「忽略」、「不予理會」、「當作沒事」、「假裝已好了」。

許多人諱疾忌醫，假裝沒病，結果拖延至很嚴重了才就診，失去治療的黃金時間，就是拜恩這種心態所致。

有病就要醫，而且要趁輕微的時候趕快治癒，以免變得不可收拾。

當然，各種小病不斷，常常是生活方式出了問題，若只就醫卻不改善，仍無法徹底解決。

預防保健永遠是最重要的，包括飲食、睡眠、喝水、運動、多活動各方面，唯獨沒有「對健康說謝謝」這一項，拜恩不是專家，實在不宜大發厥詞，誤導人心。

體檢時有美好感受，就有美好的結果？（原書第二〇九頁）

這句話太誇張了，如果每個人都帶著微笑接受體檢，就會有漂亮的報告出現？

如果在健檢的前幾天，一直維持愉快的心情，可能在檢查當天的血壓，出現比較平穩的結果，其他檢驗會改變嗎？

舉例來說，血脂肪會因微笑而降低嗎？肝功能、腎功能也會變好嗎？大家可以看出一個事實，外行人在談論內行的問題，不僅錯誤百出，還可能貽笑大方，甚至令人笑掉大牙！

體檢當天的身體狀況已是定數，絕不可能有什麼改變，頂多在脈搏血壓方面產生輕微的數字變化，不至於影響醫師的總結判斷。

況且，在體檢當天才有美好的感覺，給人臨時抱佛腳的感覺，健康是日積月累、慢工出細活的結果，不是一朝一夕可見到效果的。

以我為例，每次體檢都不害怕，心情也很好，因為本身是醫師，出來的報告還不是有紅字（異常）？正好戳破拜恩的神話。

譬如抽血，我不但一點都不害怕，還一直盯著護士的針插進我的皮內，全程都不眨眼，這麼完美的正面態度，紅字依然出現在報告中，怎麼解釋？

想像心臟強壯，就真的會強壯？（原書第二一〇頁）

拜恩舉了一個例子，一位女士罹患心臟病後，她用手放在心臟位置，每天想像心臟很健壯，四個月後，檢查結果竟是正常的。

這個例子有個大問題，她到底有沒有服藥？拜恩完全沒提。

這讓我想到一位長者罹癌康復的故事，他絕口不提曾接受過放射治療，卻一再宣稱靠飲食、健康食品、放鬆吐納、運動等方法獲得重生。

想像自己有健壯的心臟，其實沒什麼不對，但若想像太逼真，跑去激烈運動的話就不妙了。

依照吸引力法則，想像越逼真，越容易成功，但那位女士的想像可能不夠逼真，沒去激烈運動，讓心臟有機會喘息復原。

我認為是服藥救了她的心臟，而想像正面的結果也有利於心臟，加上沒有劇烈運動，更防止進一步的傷害。

這是很諷刺的，不夠逼真的想像（沒激烈運動），反而可以保護心臟，吸引力法則該修正了。

你自認可以活多久，就活多久？（原書第二一三頁）

拜恩舉出古代的例子，有人可以活幾百年，就我所知，中國的彭祖活了八百歲。

她認為現代人相信自己活不了那麼久，就真的如願以償。

我的天啊！幾百歲的壽命是神話好不好？拜恩不知道嗎？而且古代文獻不知經過多少人改寫，其真實性已有問題了，必須再經過考證才行，拜因沒想過這樣的問題嗎？

當今的世界紀錄是一百二十二歲，是一位法國女人創下的，這個紀錄相當驚人，因為沒有人證明可以活過一百二十歲，她居然遙遙領先，獨領風騷。

全世界的原始部落相當多，也不乏長壽者，但沒有人超過一百二十歲。

大家想想看，原始人沒有固定壽命的信念吧？還不是活不過一百二十歲？

醫學研究已證實，基因決定大部分的壽命，其他因素是生活習慣與環境。

如果信念算是生活習慣的一部分，也只能影響壽命的小部分，非拜恩所言之那麼巨大的力量。

付出愛，身體會產生正面的變化？（原書第二一五頁）

拜恩說，當付出越來越多的愛時，食物吃起來會更美味，眼睛更明亮，耳朵聽得更清澈，痣與斑點會淡掉，身體更有彈性，關節不再咯吱作響。

很奇怪，她是說墜入愛河嗎？許多談戀愛的人，真的會出現上述部分現象，可惜她說的不是戀愛。

我寫過一本討論超級人瑞的書，提到一張某女人六十歲時的照片，曾拿去給許多人看，大多認為是七十歲以上。

若一個人的表面年齡比實際年齡還大，通常代表保養不佳，壽命也不太可能長，對吧？結果令人吃驚，那一張照片裡的六十歲女人，竟然是史上最長命的人，後來活到一百二十二歲！

我曾仔細研究她的生平，她是一位生性樂觀、好動、生活優渥的人，有沒有付出很多愛，我是不清楚，但其身體狀況絕對是同年齡者最佳的！

她的臉部皮膚顯然不太好，才會被誤認為蒼老，可能與她吸煙有關。如果大家想要容光煥發，付出愛是不錯的方法，但過度勞累反而會傷及身體，還是要想辦法過得優渥一點，如那位一百二十二歲的超級人瑞一般。

想像早產兒痊癒，就真的會發生？（原書第二一六頁）

拜恩提到一個例子，一位體重只有三百四十公克的早產兒，其父親每晚想像愛的光芒照耀兒子，四個月之後，終於康復出院回家。

這又犯了歸因錯誤的毛病，為何不提醫護人員的辛勞照顧呢？

祈禱小孩早日康復，這是人之常情，但真正康復原因是小孩本身的體質與醫學技術，祈禱在統計上是沒有顯著意義的。

況且，三百四十公克是世界紀錄嗎？當然不是，目前早產兒存活的最低體重紀錄是二百四十三．八公克，大家覺得如何呢？

隨著醫學進步，二百四十三．八的紀錄仍會被打破，祈禱根本不是原因，道理是非常明顯的。

如果拜恩提到是二百四十三．八公克的例子，我就不敢批評了，因為到達醫學的極限，或許有念力介入，但三百四十公克是在極限內，不能算是奇蹟。

每次拜恩提到的奇蹟，都是沒有到達世界紀錄的例子，難免令人感到不夠看，她應該做足功課再來出書，才有說服力吧？

開車時看到警車，代表生活失序？（原書第二一三頁）

這句話大概是拜恩最離譜的一句話了！

她的意思是看到警車代表必須小心一點，或者忘了回電給友人，或者沒有感謝別人的幫忙。

這完全是胡言亂語，試問，住在警局旁邊的人，每天開車出來就看到警車，怎麼辦？

看到警車根本沒什麼意義，巧合而已！

吸引力法則信徒最糟糕的地方就是完全否定巧合，結果變成強詞奪理，連看到警車也可以編出歪理，實在令人搖頭嘆息！

看到警車是警訊，那看到靈車不就完了？

在解夢領域裡，有所謂夢到什麼就代表什麼，拜恩似乎以為她在解夢。沒錯，夢見警車，似乎有某種警示的意味，但可以適用在清醒的時候嗎？當然不行。譬如在清醒時警車開過來，我們要不要讓？當然要，因為除了會被撞以外，也不能妨礙公務，但在夢裡的警車就不一樣了，被撞也不會怎麼樣。

如果在路上看到什麼，就推敲代表什麼的話，生活就會嚴重失序，拜恩有沒有想過這個問題？

聽到身旁陌生人的講話，就有意義？（原書第一二四頁）

拜恩的這個推論也是荒謬至極，有任何研究可以佐證嗎？

聽到身旁陌生人的講話，頂多只有一個意義，就是自己的注意力從內在轉為外在，恰好聽見而已。

如果一個人喜歡流連聲色場所，聽到的可能盡是相關話語，但不代表不會聽到其他的內容。同理，喜歡在圖書館看書的人，比較會聽到文雅的字眼，但也可能聽見情侶的私密對話，沒什麼稀奇之處。

當然，在不良的場所逗留，的確是不好的，但問題是在自己，不是別人。照拜恩的說法，警察不該巡邏特種行業的店號，以免聽到不該聽的？只要心地純正、動機善良，到哪裡都一樣，許多志工深入貧民窟或監獄服務，他們沒聽過難聽的話嗎？

古代皇帝若是昏庸，身旁盡是佞臣，聽到的都是阿諛之詞，請問有何意義？能聽出什麼治國平天下的大道理嗎？

唯有正本清源，清心寡慾，不被周遭環境牽著鼻子走，才是王道，我說的沒錯吧？

掉東西、跌倒、衣服勾到東西、撞到東西，全是有意義的？（原書第二二六頁）

我覺得這些事情都是巧合而已，拜恩說成該停止當時思考或感覺的事情，實在非常奇怪。粗心大意丟三落四，任何人都知道是精神不濟或心不在焉所致，唯獨拜恩說出詭異的言論，唉，夫復何言？

偉大的科學家常常全心投入，即使吃飯睡覺，腦部也不停止，牛頓曾將手錶當成雞蛋烹煮，愛因斯坦走路還撞到樹，他們應該停止思考嗎？

文學家在寫小說時候，常常不容許他人干擾，甚至到了廢寢忘食的地步，因為偉大的靈感稍縱即逝，難道要他們放棄創意嗎？

拜恩的謬誤在於不反省自己，卻在環境中找意義，而且還從陌生人身上找出關聯，誤人又誤己。

堅持自己的理想，即使環境再惡劣，人言多可畏，依然勇往直前，才是真正的成功之道，怎可被他人左右、人云亦云？

縫衣服的時候刺傷自己，只能怪自己沒睡飽，想成是什麼惡兆將臨，豈不荒唐？

人死後處於最高頻率？（原書第二四二頁）

拜恩認為，人死後會到達最高的頻率，也就是愛的頻率。她的理論依據可能源自於以下網路文章：（http://examine.nownews.com/examine_detail.php?eid=5437）

大衛・R・霍金斯（David R. Hawkins, Power vs. Force）通過二十多年的研究表明，人的身體會隨著精神狀況而有強弱的起伏。他把人的意識映射到一～一〇〇〇的範圍。

任何導致人的振動頻率低於二〇〇（20,000Hz）的狀態會削弱身體，而從二〇〇到一〇〇〇的頻率則使身體增強。霍金斯發現，誠實、同情和理解能增強一個人的意志力，改變身體中粒子的振動頻率，進而改善身心健康。

死人的頻率沒有意義，邪念會導致最低的頻率；當你想著下流的邪念，你就在削弱自己。漸高依次是惡念、冷漠、痛悔、害怕與焦慮、渴求、發火和怨恨、傲慢，這些全都對你有害。但信任在二五〇是中性的，信任有益於你。再往上的頻率依次是溫和、樂觀、寬容、理智和理解、關愛和尊敬、高興和安詳、平靜和喜悅在六〇〇，開悟（enlightenment）在七〇〇～一〇〇〇。

他遇到過的最高最快頻率是七〇〇，出現在他研究德蕾莎修女（一九一〇～一九九七，獲一九九七年諾貝爾和平獎）的時候。當德蕾莎修女走進屋子裡的一瞬間，在場所有人的心中都充滿了幸福，她的出現使人們幾乎想不起任何雜念和怨恨。

一〇〇〇被稱為是神的意志或精神，這是絕對力量的頻率，甚或更高。傳說耶穌在村子裡的出現，讓圍上來的人們心裡除了耶穌，其他什麼都沒有。

美國著名的精神科醫師大衛・霍金斯博士（Dr. David R. Hawkins），運用人體運動學的基本原理，經過二十年長期的臨床實驗，其隨機選擇的測試對象橫跨美國、加拿大、墨西哥、南美、北歐等地，包括各種不同種族、文化、行業、年齡的區別，累積了幾千人次和幾百萬筆數據資料，經過精密的統計分析之後，發現人類各種不同的意識層次都有其相對應的能量指數，茲摘錄其主要項目如下：

1. 開悟正覺：七〇〇～一〇〇〇
2. 安詳極樂：六〇〇
3. 寧靜喜悅：五四〇
4. 愛與崇敬：五〇〇
5. 理性諒解：四〇〇
6. 寬容原諒：三五〇
7. 希望樂觀：三一〇
8. 中性信賴：二五〇
9. 勇氣肯定：二〇〇

10. 驕傲輕蔑：一七五
11. 憤怒仇恨：一五〇
12. 渴愛慾望：一二五
13. 恐懼焦慮：一〇〇
14. 憂傷懊悔：七五
15. 冷漠絕望：五〇
16. 罪惡譴責：三〇
17. 羞愧恥辱：二〇

書中表示目前78％的人類生命能量尺度在二〇〇以下。霍金斯的研究發現，絕大多數的人類其生命能量尺度終生很難提升。唯有時時保有一顆真誠、善良、寬容與堅忍（真、善、忍）的心，才能提升一個人的生命能量尺度。

文中提到德雷莎修女的境界是最高的，她生前的信件卻揭露一個驚人的秘密，她沒有感受到上帝的存在：（http://www.lama.com.tw/content/msg/data.aspx?id=5938）、（http://blog.sina.com.cn/s/blog_485e51d50100czqn.html）

如果真的是開悟正覺，怎會有這樣的秘密？所以我很懷疑霍金斯的文章，他怎麼測量德雷莎修女的？

在台灣，還有更誇張的，利用霍金斯的文章，宣稱練完法輪功後可變成一萬以上：

（http://blog.sina.com.tw/poseidon_son/article.php?pbgid=16392&entryid=584457）

霍金斯沒有公布測量的儀器名稱，數據的單位也講不清楚，隨便說德雷莎有 70,000Hz（禪修者最快的腦波也才超過 30Hz，而真正物質世界的分子振動頻率可高達數千億 Hz），整個實驗結果實在不能採信。

所以，拜恩說的死後到達最高頻率，是缺乏正確依據的。

第四章

真正偉大的宇宙秘密

《秘密》與《力量》提到的宇宙法則，既已被本書批判為不存在，那麼，宇宙之中沒有真正適用於人類的秘密存在嗎？

這裡當然不是指宇宙誕生或外星人的秘密，因為那些與我們的關係太遠，況且目前也無定論，很難運用在人生或成功的哲理上。

在介紹真正偉大的宇宙秘密之前，先綜論一下前面提過的各種正確的人生態度。

正確的人生觀總整理

許多勵志書籍鼓勵人們往光明、健康方面去想，除了可以激發向上的意志之外，還宣稱會有益於健康的促進，這是真的嗎？

理論上來說，正面思想當然有益於身體健康，但「知易行難」，頭腦很容易就被負面思想所盤據。其實，正面與負面的思想都是必然存在的，可謂一體的兩面。舉例說明便清楚了：

一位凡事順遂、運氣好得不得了的人，會在半夜裡夢見自己破產倒楣，因為他曾懷疑這一切是否太過順利而暗藏凶兆？同樣地，一位倒了八輩子楣的人，在夢裡卻可能出現美好的情景，最常見的例子便是住在集中營裡的人。

換言之，我們即使有辦法使自己變得完全樂觀，卻無法控制夜夢的反撲，因為心靈的機制本就如此，不能改變。

凡事得失看淡，才是比較符合現實的態度，身體才不會因想太多、煩惱太大而變差。因為未來是多變的，最好或最壞的結局都有可能，多思無益。

一般人應付負面情緒（譬如憤怒、恐懼、悲傷、煩悶等）的方法不外乎幾種，如宣洩、忽略、投射、反向、昇華、合理化等，而最常用的就是忽略或轉移注意力。

譬如在煩悶的時候，可能開電視、聽音樂、出去走走、打球、打麻將、找人聊天等。這種方式雖一時避開了負面情緒，但在沒事做的時候又會在腦中重演一次，因為根本問題未獲解決。

那麼，一再逃避負面情緒會影響健康嗎？答案是：有可能，但不一定。

如果在負面情緒之後能獲得很好的紓解作用，自然能維持身心的平衡，反之，如果換成拚命工作或藉酒消愁，就很容易生病了。

世上有許多事情或困難無法立刻解決，負面情緒自然難以避免，有時明知多想無益，卻不能控制腦子往不好的地方去想，這時就要就醫服藥或接受心理治療了。根據研究，具有堅忍性格的人，即認清現實，善於適應挫折者，活得比較健康長壽。

以超級人瑞（壽命超過一百一十歲）為例，他們大多有一顆平靜堅忍的心，但沒有資料顯示他們是怎樣辦到的，不過我長期研究心靈的真相，對平靜也有一些見解，如果大家不嫌棄，或許可以參考看看。

一、挫折或失敗無法完全避免

假設對孩子施行最好的教育、最佳的飲食，並給予最佳的環境，甚至最好的資源，那麼這孩子日後必然成功嗎？答案當然是：非也。

挫折是永遠無法閃躲的，就算請了高超的外星人來指導也沒用！成功與失敗是一體的兩面，沒有失敗的對照，成功將有何意義？任何人都不喜歡挫折或失敗，也一定會產生苦悶或悲傷的情緒，即使明知失敗有可能會降臨在自己頭上。

正確的人生態度當然不是讓負面情緒消失，因為那只是冷酷而已，不能產生恆常的喜悅。以當今最為流行的認知心理學來看，負面情緒最好以原始形式出現較好，譬如悲傷變成遺憾，恐懼換成警覺等。

換句話說，不要「誇張」負面情緒是非常重要的，因為事情還沒有變成難以收拾或妨礙生存的地步，就無需認定「一切都完了」那麼糟糕。還有，負面情緒越快結束越好，不要影響了生活，甚至犧牲了健康。

二、自己的想法不一定是對的

這個主題的答案似乎很簡單，一般人皆會回答：不一定。但真是如此嗎？

曾有人說過一句妙語：如果不認為自己是天下最偉大的或最重要的人，就活不下去！此話一針見血，描寫人性鞭辟入裡。

許多人口頭上承認自己的想法是錯的，內心卻同時有另一個聲音：「有什麼了不起！」或「我只是一時疏忽而已！」或「聞道有先後，術業有專攻，你只是比我先知道而已。」或「如果我也學會了，一定比你強！」或「下次我來挑你的毛病！」當然，芝麻小事弄錯了可能會真心認錯，因為不會傷及自己的自尊或自信，大事搞錯了就難以心悅誠服了。

「面子問題」是許多人非常在乎的，其實與真正的生活方向——求生存之關係不大，實在不必看得太嚴重。俗云：人有失手，馬有亂蹄，不要把自己無限上綱，也不要自責自憐，錯了就錯了，下次避免再犯才是重要的。被人罵笨並不是什麼丟臉的事，因為人本來就有愚蠢的時候。

三、人生可以盡力追求完善

根據研究，人有三種性格，謂之A、B、C型，其中A型人格即所謂完美主義者。就某方面而言，完美主義者是社會進化的一種動力，一旦缺少這種人就會使社會死氣沉沉，停滯不前。但以健康的角度來看，A型人格易罹患焦慮、高血壓、潰瘍、偏頭痛、心臟病……等，似乎不值得效法。

其實，沒有什麼事是完美的，但可以盡力做到完善而了無遺憾。所謂完善，是就自己努力的限度而言的，換句話說，盡了全力所獲得的結果就是完善，而非完美。即使自己認為相當十全十美，仍只是個錯覺，因為一定還有別的人或別的方法可以做得更好，或未來的人們可以做得更棒。

如果完美背後的動機是追求「快樂」，就更不需要吹毛求疵了，因為在努力的過程中自然會有快樂出現，目的不也達到了嗎？任何完美的追求不外乎為了快樂喜悅，切勿本末倒置，或甚至顧此失彼！

四、危機與轉機無關

一般人很喜歡用「危機是一種轉機」來安慰自己，等於是找個合理化的藉口。如果把心自問，危機之後一定會有轉機嗎？或者，成功之後一定沒有危機嗎？事實的真相是：危機根本與轉機無關！有人一生窮困潦倒、禍不單行；也有人一帆風順到年老，即使他不這麼認為，旁人卻羨慕至極。

前面曾提過，承認錯誤只是承認自己可能犯錯的本質而已，雖然有可能使自尊受損，但可以更認清自己，更有助於日後減少再犯的機會。

不過，即使藉著錯誤的反省而成功了，也不能把功勞歸之於以前犯下的錯誤，譬如熱心於公益活動，是因為自己以前的冷漠而深受其害，遂發願助人，這雖是很好的事，但不能「感謝」過去的無知與冷漠！那只是一次嘗試錯誤而已。「嘗試錯誤學習」是動物求生的模式，人類也有，但不可以當成心靈的潤滑撫慰劑。危機就是危機，至於會不會變成轉機就只有天知道了。

五、天下不如意事十常八九

大部分人都會同意「天下不如意事十常八九」這句話，只有少部分人會持懷疑的態度。事實上，即使最成功、最有錢、最健康或最快樂的人也不能否認這句話，譬如一些成功的大企業家即使非常滿意現狀，但請他們捫心自問，現狀真的與自己的期望一模一樣嗎？應該有比較好或比較差的情形出現吧！

當事與願違時，如果尚可接受，就會找個藉口安慰自己「這樣也不錯」！當事情好得超出預期時，當然就更滿意了。

前面曾強調過，即使事前的預備工作做得很完善，未來的結局仍很難逆料，因為一件事的完成常牽涉到許多人事物，而這些是不能完全掌控的。如果連自己也不能掌控，又怎能掌控其他而達成目標？

當然，未來很難期盼，不代表消極悲觀的行事態度，只是奉勸大家「求人不如求己」，先學會控制自己，才可能對未來有些許的控制，求助別人不太可靠且難以持久。

六、活出快樂自在最重要

許多人想必贊成這種論點，可惜的是根本轟烈不起來，只好過得既緊湊又「充實」？當然也有人只想過得平平淡淡，不想強出風頭。平心而論，絢爛也好，平淡也罷，只要好好活著就行了，何必想太多呢？

至於所謂緊湊又充實的日子就值得商榷了，因為緊湊易導致緊張，接著引發疾病，除非能有適當的休閒。現代社會講求效率，很容易引導人們過忙碌的日子，彷彿不忙就代表沒有效率或好吃懶做，實在荒謬至極。想使人生有意義，不必搞得連喘口氣的機會都沒有，因為那樣做不見得有意義，願望不一定能達成。

真正能達成目標的方法不多，其中最重要的就是冷靜、沉著，遇事不慌亂。如果生活太緊湊而「充實」，怎能挪出時間思考人生方向呢？頂多像隻無頭蒼蠅或熱鍋螞蟻般可憐而已。活出快樂自在，才是人生的真正方向，轟轟烈烈或平淡乏味根本沒有關聯。

七、嚴以律己，寬以待人

有人以「難得糊塗」作為座右銘，有人卻不以為然，認為人生應過得精明一點較好。究竟哪一種說法才是對的？以健康的觀點來看，自然是糊塗一點比較好，因為想得越少身體越好，越接近野生動物的身體狀況。但人類社會容不得不花腦筋的人，該怎麼辦呢？

真正的人生，應該是不斷地做好每件事，並對結果抱持「糊塗」的態度！前面曾提過，除了自己以外，別的人事物均很難掌控或預期，如果不糊塗一點，豈不氣死自己？至於做事方面，糊塗就不應該，因為隨便亂做還不如不做比較好。隨便做的結果自然是可預期的，那又何必浪費時間呢？去遊山玩水不是更好？

「難得糊塗」通常是指「寬以待人」，對別人的錯誤或無知睜一隻眼閉一隻眼，這是相當必要的，卻絕非放任自己瞎搞一通。糊塗是用來應對別人的，不是自己。

八、好好活著即是人生終極目標

前面曾提及「好好活著」是生命的方向，那麼，也是所謂的終極目標嗎？答案是：然也！不管各位心中有什麼目標，譬如發財、成就、愛情、友情、尊重、快樂……等，都無非是達成「好好活著」的手段而已，難道還有其他嗎？所以，好好活著是遠程或終極目標，財富、智慧、成就、愛情都只是近程或中程目標。

如果近程目標達不成，也不必灰心喪志，因為還有其他途徑可以達到好好活著的目標。至於好好活著的標準，一般人都定得太高，譬如要得到很多財富或很高成就，才可以活得下去，否則就頹廢或自殺，這是不對的。好好活著是指活在快樂的生命本質裡，而不是活在所謂成功的滿足中。成功當然很好，但不影響人的本性，看看健康的小孩就知道了；他們為何那麼活潑興奮？有什麼偉大的成就值得高興？根本沒有，但生命本來就值得慶祝！

九、過程與結果同等重要

一般人都會對結果抱持高度興趣，而對過程沒什麼興趣或充滿無奈、忍耐。但事實的真相是：人的一生幾乎都是「過程」組成的，「結果」反而只占一小部分！

譬如從小立定志願要成為大企業家，即使後來終於達成了目標，卻又開始對成果不滿，進而想成為跨國企業集團大財閥！於是，活在「結果」裡的時間，遠不及活在「過程」中來得多。

「貪得無厭」是人的本性，這是無可厚非的，因為不曾接觸過內心的寧靜喜悅本質，當然會不停地向外追求成就或快樂。如果人們能多認識自己，就會認為過程與結果都重要，也都不重要！

活在內在喜悅本質裡的人，認為過程與結果是人間的必然現象，當然都很重要，但如果不盡如人意，也不要太認真，因為已經有了內在喜悅，何必太在乎外在的得到與失去呢？

十、適度控制情緒起伏

有人說：人生如戲，或人生如夢，所以情緒起伏很大才是「真性情」，起伏太小根本就是「虛偽」。事實是如此嗎？

如果一位罹患氣喘的患者向醫師請教，一定會得到這樣的答案：避免大哭、大笑、大吵、大鬧，因為情緒起伏太大會引發氣喘！顯然氣喘患者不能表現「真性情」，必須加以控制，否則會有危及生命之虞。

也許大家不知道，人的內心有個寧靜喜悅的彼岸，只要到達了，就不會喜歡生活在起伏太大的情緒裡，但一般人就不一樣了。

現代世界中刺激極多，看要看最精彩的，聽要聽最震撼的，摸要摸最驚人的，聞要聞最撲鼻的，嚐要嚐最香辣的，想要想最奇異的，不一而足。這種現象固然可推動科技的進步，卻使人類離本性越來越遠。

據說追求刺激的程度與腦中化學物質有關，若真是如此，似乎不易更改，那就隨君選擇吧，只要不後悔就好。

十一、樂活人生的健康之道

超級人瑞的健康之道違反本性嗎？大家可能會以為健康之道很難實行，真的是這樣嗎？首先，大家應該聽過「樂在工作」吧？市面上有許多關於樂在工作的書籍，倡導人們如何在工作中得到樂趣，卻沒有一本書教人在追求健康的過程中還可以找到樂趣。

人類的本性總是以逸樂取向，譬如偏好口味重的食物，茶來伸手、飯來張口，喜歡新奇好玩的刺激，不喜歡花腦筋，也不喜歡重複單調的工作等，所以麻煩的飲食控制，累人的揮汗運動，食之無味的大量開水，無聊又浪費時間的長睡，根本沒有樂趣可言，怎能持久做下去？

結果，大多數人都知道健康之道大概是什麼，卻很少有人完全做到，除了本性作祟之外，時間上的不允許可能也是因素之一。所以本書提供許多巧妙的方法，讓健康之道自然而然的融入工作與生活之中，減少無聊勉強與練苦功的感覺。

如果大家不否認人類有好吃懶做又貪玩的本性，本書的標新立異與錦囊妙計正好可以滿足這樣的需求，絕非一般保健書籍提倡的刻苦自制可相提並論。只要大家讀完本書，就會發現原來健康可以這樣玩出來，而且可以到達自己從未有的境界，以前做不到不是因為能力不足，而是沒找到方法而已。

此外，本書描述的各種方法，無需什麼毅力便可做到，沒有決心的人依然可以試試看，希望不會浪費大家的時間與金錢。我舉個例子給大家參考：如何控制口慾？

肥胖是現代人常常擔心的問題，它會惡化體質，進而降低抵抗力。在瞭解控制口慾之前，必須先知道什麼是飽的感覺。如果確切知道吃飽的感覺，再以意志力控制自己，就能達成控制口慾的目的了：

・請各位在吃東西的時候，順便感覺一下腹部的「動靜」。

・請體會腸子蠕動的感覺，以及食物翻攪的聲音。如果體會不出，起碼注意肚子微漲的感覺。

・請注意，微漲就已經代表吃太飽了。

有人提倡七、八分飽有助於健康，是有些道理的，日本的沖繩人相當長壽，當地的超級人瑞密度在日本屬一屬二，主要的原因是飲食的控制——吃八分飽。太飽不僅會造成肥胖，也會造成腸胃負擔。據我的體驗，七、八分飽的感覺，應該是腸胃蠕動不明顯的時候。接下來就是考驗意志力堅強與否的問題了：在美味當前，您能在腸動減慢或微漲出現時不再進食嗎？慢慢體會，就不會暴飲暴食了。

十二、信仰宗教安定人心

信仰可以增進健康嗎？曾有人針對有宗教信仰的人做研究，認為可以增進身體的健康。但亦有反對文章，目前尚有爭議。

其實，信仰是否違反身體的操作原則很有關係，如果教人整天打坐或在半夜裡不睡覺，怎能獲得健康呢？前面曾提過，身體幾乎可算是一部機器，機器的使用一定有法則，就算有心靈上的啟發或感動，不見得能克服胡亂使用身體的後果。

許多心靈境界極高的大師亦有身體上的病痛即為明證，達賴喇嘛曾指出自己的背部有一塊癬，治都治不好，但與一般人不同的是，大師不會被病痛影響而降低境界。

換句話說，信仰可作為精神上的慰藉，進而提高免疫力，但若嚴重違反身體使用原則，譬如達賴喇嘛可能過度勞累，一樣會生病！

有些虔誠的教徒在半夜裡猛讀經書或祈禱，不但惡化了原有的症狀，還產生新的疾患。我覺得人人皆會生病，但只要減少心理衝突，症狀應不致惡化，除非濫用身體至離譜的程度。

請記住一個事實：只要信仰能助人快樂，就值得去追求，至於會不會獲得健康，就因人而異了。有人是堅定的無神論者，照樣活得很高興，可見態度堅定也是一種信仰，總比疑神疑鬼、內心惶恐好多了。

成功的基本要件——清心寡慾

《答案》（*The Answer*）一書的作者曾說過，圓夢ＤＮＡ＝放膽作夢的勇氣（Dream Big）＋啟動意識的力量（Neural Power）＋萬人實證的行動方案（Action Program）。

看起來好像有道理，問題是根本沒有所謂的萬人實證的行動方案，成功是沒有固定法則的，最後總是變成「一將功成萬骨枯」，一將是作者，萬骨是讀者，作者一人賺翻了，其他人還是一樣。

那麼，成功沒有一點點基本要件嗎？請大家看看以下我改寫過的報導：

食衣住行的各項必需品，範圍若減少到只能擁有一百項，多少人能夠活得下去呢？美國最近掀起只靠一百種物品過日子的極簡風潮，身體力行的網路女作家史楚貝（Tammy Strobel）因而爆紅。

本來就習慣於高消費的美國民眾，這幾年受到經濟不景氣的影響，慢慢開始有人重新思考過去只顧追求物質的浪費模式，出現了以一百種物品過日子的極簡生活主義，希望可以破除過去那種物慾所壓迫、甚至以購物換來快樂的迷思，希望找到內心的真正滿足。

這股風潮彷彿是復古的動作，因為古人常常也是這樣過日子的。

每天食、衣、住、行必須用到的必需品，總數加起來不能超過一百種，對於許多女孩子來說很困難，特別是衣服、鞋子、首飾、皮包，算起來往往已經超過一百種了。

那麼，這樣的極簡生活主義只是唱唱高調、虛無縹緲的理論，還是真的可以落實在日常生活中的做法呢？

現居波特蘭的網路女作家史楚貝，把她的極簡生活過程詳細記錄下來，透過個人網站向大家發表分享，竟獲得美國主流媒體的大幅報導，讓她成為風雲人物。

三十一歲的史楚貝原本在加州一家投資顧問公司擔任專案經理，年薪約四萬美元，但她發現自己陷在一種賺多少就花多少的循環裡，於是想改變生活。

她與丈夫討論如何規畫未來的生活重點，結論是要過簡單一點的生活，希望空出來的時間可以用來多陪陪親友，還有可以當志工。

於是史楚貝開始清理東西，將日常生活必需品減少到一百種之內，清出來的東西都捐給慈善機構，包括二十多件搪瓷餐盤組，甚至連車子也捐出去。

有人問她，把車捐出去，會不會捨不得呀？

她笑著說，做這個決定當然很困難，因為車子的價值那麼高，「但有趣的是，現在我並不想念它，有時候我會想說有車真方便，但我並不懷念車貸、保險、保養維修等等。所以我很高興把它處理掉。」

後來她們從加州搬到波特蘭，她的工作變成網頁設計與自由撰稿，家裡就是辦公室，廚房的小餐桌就是辦公桌，年薪雖然只有過去的六成，卻完全沒有付債或貸款的壓力。

原本擁有兩台車，住的是有兩個房間的大公寓，現在則有兩台腳踏車，住在只有一個房間的小公寓，面積為四百平方英尺（約一百二十三坪）。客廳裡沒電視，只有一張沙發，一張木桌以及兩張單人椅，夫妻兩人的婚紗照則是客廳牆上唯一的擺飾。

廚房裡的碗櫃只有兩個杯子、四個盤子，還有一些最基本的料理用器具。她的衣櫃裡，所有衣褲加起來大概只有二十到二十五件而已，各種鞋子加起來則只有三雙。

她說，雖然衣物很少，卻都是自己非常喜愛、而且品質極佳的品牌，所以都很耐穿愛穿，不會閒置。

波特蘭是全美腳踏車專用道規畫最完善的城市，史貝楚雖然沒車，騎腳踏車出門還是非常便利。

史密斯說，因為沒有車子，腳踏車就變得非常重要，更重要的是腳踏車來自台灣，是高品質產品，國際聞名的台灣之光！

目前她已成為網路紅人，獲得許多網友的熱烈迴響，許多網友覺得她這樣過日子很「酷」，也想學她。她說，好的生活品質不必靠大量購物來創造，對於現在的生活就覺得很快樂，未來應該會繼續維持下去。

所以，成功的基本要件就是清心寡慾，只要願望不大，成功的機會自然比較大，何必要訂出貪得無饜的超高目標呢？

大家不必只靠一百種物品過日子，但物慾越低，心想事成的勝算就越高，這不是很簡單的道理嗎？

除了清心寡欲以外，成功的方程式就是努力與創意，加上一點運氣，根本沒有什麼宇宙的秘密力量，大家不要癡心妄想。

當然，由儉入奢易，由奢返儉難，大家可以慢慢減少，而且順便減輕溫室效應與環境污染，心理上的衝擊應該不大。

不過，想要儘快過清心寡慾的日子，必須在心態上有所調整，後續內容就有達成這種心態的基本知識，請大家看看。

麥田圈是最偉大的秘密？

有人說麥田圈的訊息才是真正最偉大的秘密，我先澄清一下。

目前世上出現的麥田圈，有逐年變複雜的趨勢，令人不得不懷疑，這不就是人為的證據嗎？

外星人如果想留下訊息，何不在開始的時候，直接在白宮草坪上做個超複雜的草田圈，而且成功預言未來的事件或科學，讓全世界讚嘆不已，怎可能在技術上慢慢進步？可以克服時空障礙來到地球，卻在製作過程中呈現摸索學習的階段，有可能嗎？

以前在國家地理頻道露面的一位農莊主人，面帶微笑的說，他很想逮到那些偷偷在他麥田上造圖的人，因為害他損失十噸小麥，當時我很相信他的話。

惡作劇的可能性當然有，特別是第一次做麥田圈的團體，需要練習嘛。但一直免費做麥田圈，勞師動眾、耗費時間又夜不成眠，不管是孤芳自賞或心中暗爽，好像不太可能。

最早惡作劇的兩位英國人，後來都有豐厚的分紅，曾有委託他們的農場在一個月之內獲利三萬英鎊，被壓壞的小麥只值一百五十英鎊，所以上面提到的農莊主人很可能說謊，因為一旦公開是自己叫別人來做麥田圈，就沒有門票收入了，怎麼可能說實話呢？而且以後還可以再搞一次更大的麥田圈來吸金。

絕大多數的麥田圈都找不到作者，因為麥田主人要賺錢嘛，當然不能承認是自己找人做的，有誰要花錢看假造的？

二〇〇八年英國 BBC 舉辦了麥田圈設計比賽，史上第一個冠軍出爐，Robert Evans 的設計圖得到冠軍，然後他的團隊花了一個晚上做出以下驚人的麥田圈：（http://www.bbc.co.uk/wiltshire/moonra...p_circle_full_scale.shtml）

大家可以上網看到麥田旁的遊覽車非常小，此麥田圈還真大呀！所以，將麥田圈歸因於外星人的說法，我覺得站不住腳，人類還不是在一夜之間做出來了？

有些麥田主人對外宣稱麥田圈在極短時間內瞬間完成、絕對是外星人幹的，但奇怪的是，他們怎麼確定是極短時間，半夜都不睡覺嗎？明顯有問題。

我覺得他們是否該接受測謊？難道必須全盤接受他們的說詞嗎？況且所謂的先進圖案，

其實都未超越當代的尖端知識，根本不值得研究。

如果不查證麥田圈的來源，直接猜測圖案的涵意，然後宣稱是外星人的訊息，是否本末倒置呢？

真正偉大的秘密

世上有一種經驗非常特別，凡遇上的人都會有物慾降低的現象，我故意不提宗教家的說法，請大家看看愛因斯坦說過的一段話：

「要向完全未曾經歷這種經驗的人解釋這種感受，的確非常困難，特別是完全不去對應神靈的觀念時，更是困難。個人對人類的慾望、目標、崇高感，以及顯示自然和思維世界的不可思議秩序時，都感到一切空無。將個人的存在視為一種監獄，因此希望擺脫監獄，去體驗宇宙是一種意義深遠的整體。」

物理學大師薛丁格（Schrodinger）也說過：

「對一般人而言，這似乎是想像不到的。你與其他有意識的東西全部都在一個更偉大的整體之中。因此，你現在存活的生命不僅是全部存在的一小部分，就某個意義來說，這個生命是一個整體。於是，你可以讓自己躺臥在大地之上，張開你的雙臂，以確定你和大地合而為一，大地亦和你在一起。你被穩定地安頓下來，像大地一樣無懈可擊，一點都不會動搖。」

有名的懷疑論者卡爾薩根（Carl Ssgan），在其小說《接觸未來》（*Contact*）裡也說過類似的話：

「我曾經有過一個體驗，連我自己都無法證實，甚至無法解釋。但身為一個人，我知道〔我即一切〕這件事是最真實的。我是美妙存在的一部分，也是永遠改變我的那個存在的一部分。宇宙之中有一個聲音彷佛在告訴我們自己是多麼渺小卑微，也是多麼稀有珍貴。也有一個聲音告訴我們，我們是屬於某個比我們更大的存在。我們並不孤獨，我們沒有一個人是孤單的。」

大家看得懂嗎？讓我詳細解釋其中的奧妙吧。

科學證據1

美國的兩位科學家發現，當僧侶打坐或聖方濟會的修女祈禱時，腦部掃描顯示他們頂葉後上方的活動量很低。他們為該區域取名「定位關係區」（orientation association area, OAA），OAA提供身體在空間中正確位置的知覺，這個部分有損傷的人，連在家裡行走都很困難。

正常人的OAA都會運作，「自我」與「非我」之間的區別很清晰；當OAA減少活動時（就像打坐或祈禱時），這種區分就會消失，使得身體與外界的分際變得模糊。

此外，他們的前扣帶皮質與前額葉皮質區特別活躍，這是注意力集中的現象，加上自我感消融，或許可以解釋為何僧侶感受到與宇宙融為一體、修女感覺神的存在或與上帝神交，或自認被外星人綁架的人認為自己從床上浮起來，飄到飛碟上。

所以，科學上已找到天人合一的腦部機制，雖然細節部分尚未弄清楚，但絕對值得大家重視與研究。

科學證據2

請大家看看一篇報導：

二〇〇四年十一月發表在《美國科學院院刊》的一份報告，美國威斯康辛－麥迪遜大學戴衛森（Davidson）博士指出，追蹤八名西藏僧侶打坐時的腦波狀態，當時僧侶進入「無條件仁愛慈悲之境」，腦波檢查發現，僧侶腦中產出形態強烈的α波與δ波（gamma waves），後者是一種腦細胞共振，與注意力集中、新洞見及情緒控制有關。戴衛森博士也針對二十五名志願者測試，打坐八週後，左前大腦的神經活動大為增加。研究團隊指出，該腦部特定區域在人有快樂等正面感受時會很活躍，另外志願者免疫功能也有提升。早些時候，在一九九七年賓州大學紐柏格（Newberg）針對佛教徒禪修時測試，左前大腦的神經活動也同樣增加。戴衛森博士表示，總結這些研究顯示：「諸如慈悲及利他等人類特質，或多或少可以視為技能，可以經由心靈訓練而改善。」

先介紹我們的腦波有五種：γ波（gamma 21 赫茲以上）、β波（beta 13-20 赫茲）、α波（alpha 8-12 赫茲）、θ波（theta 4-7 赫茲）、δ波（delta 0.4-3.5 赫茲）。

γ波即一種腦細胞共振，與注意力集中、情緒控制、新洞見有關，β波在日常清醒時出現，α波在放鬆、冥想下呈現，θ波是淺睡或半夢半醒狀態，δ波是熟睡中。

所以，真正的愛，也就是「無條件仁愛慈悲之境」，是在放鬆冥想的情形下產生，通常是觀想體內有一個發光物體，絕非《秘密》、《力量》作者強調的一直催眠自己產生愛，請大家注意。

不是幻覺

有人會問，天人合一的感覺常被神棍拿來宣傳騙人，怎麼知道是不是幻覺？

我列出一些比較，讓大家看看：

1. 精神疾病常會定期發作，而天人合一的感受終生可能只有幾次。
2. 精神疾病的每次狂喜感常常是同一種，而天人合一感會有變化。
3. 精神疾病常限於一種幻覺，譬如不是視覺，就是聽覺，而天人合一感則有多重的立體真實感。
4. 精神疾病在發作後，患者會知覺那是破碎的體驗，甚至認為不是真的，而天人合一的真實感受不會隨著時間而消失。

曾有一名多重骨折、歷經死亡邊緣被救回的朋友問我，那種與宇宙合一的感覺非常美好，一切歷歷在目，彷彿昨日才發生，該如何喚回呢？

也就是說，那種感覺太真實生動了，無法從記憶中抹除，強度卻在日常生活中減弱了，他想請教我如何重溫往日的狂喜？

所以，天人合一不是幻覺，雖然沒有科學論文完全證實，至少當事人都感覺良好，沒有發瘋或影響日常生活，值得科學界繼續研究。

史蒂芬．霍金的說法

當今的物理學大師史蒂芬．霍金（Stephen Hawking），在其新書《大設計》（*The Grand Design*）中宣稱，解釋宇宙時上帝不是必須的，M理論就夠了。

M理論結合了當前所有五種超弦理論和十一維的超引力理論，目前是解釋一切宇宙現象的可能理論之一。

霍金寫道：「由於M理論的存在，宇宙有能力且也樂意把自己從無到有地創造出來。所謂的『自然發生』，解釋了『有物勝無物』的道理，亦解釋了宇宙和人類存在的原因。因此，沒必要祈求上帝來點燃藍色導火紙讓宇宙誕生。」

「樂意」？「有物勝無物」？

霍金似乎將宇宙整體「擬人化」了，變得好像有喜惡的情緒，不是所謂的唯物論調，這讓我想起修行界常說的：

「你在宇宙之中，宇宙在你之中。」

或「你在神佛之中，神佛在你之中。」

或「你在上帝之中，上帝在你之中。」

或「天地與我並生，萬物與我為一。」

霍金的說法與上述相比，是不是很像？如果宇宙與個體不是一體相融的，又怎會有情緒呢？值得大家深思吧。

如何體驗

既然有這麼一個絕對融合的境界，也就是一般人所謂的天人合一或物我合一，與物慾又有何關聯呢？

大家想想看，這種極度舒服安詳的感覺，當事人都形容為世上最棒的，那麼，聲色犬馬的感官愉悅又怎能相提並論呢？

以台灣的瀕死體驗者趙翠慧為例，她看到了永生難忘的一幕：

「遠處有一片金黃色的萬道光芒，光中出現一片雲海與數不清的仙女。在美妙的天樂聲中，仙女們彩虹般的美麗衣裳裙裾飄飄，對她散發出溫柔的歡迎。沐浴在這片至福的彩虹光暈中，她感到無比的喜悅。清醒後，她宛如重生。」

所以，有這種經驗的人都會有慾望降低的現象，煩惱苦悶自然跟著減少了，也不再汲汲追求所謂成功的哲學。

接下來的重點是，如何體驗這種感覺？皈依宗教嗎？當然不是。

首先，刊登一段我的老師王大鵬先生的話，給大家看看：

「擺一個舒適的姿態，回憶一下以前看過的生理解剖圖，骨骼的構造，內臟的位置？肌肉的線條？盤骨的構造？心臟在哪裡？腎臟在哪裡？好，讓我們真正的『從頭開始』，請跟著我一起觀想：

以天靈蓋為起點，也就是頭頂的正中央，頭骨鬆開了，腦內鬆散了。二側的耳朵也鬆下來了，眉心舒展開來，眼神變得溫柔了，鼻子鬆，嘴角帶著微笑，舌頭不再頂著上或下顎，而輕鬆的放在中間部位。

輕輕的搖晃一下整個頭部，將脖子擺在一個最舒暢的位置，雙肩鬆下來了，手臂關節全開了，自由任意的掛在肩膀上。手指鬆，上半身二側的肋骨全都伸展開了，背後的整根脊椎骨也一節一節的鬆脫了，在它附近的內臟：心哪、肺哪、肝哪、胃哪、脾哪、腰二側的腎哪，全部像掛在枝上的葡萄，毫無壓力又極其自然的垂著，像吹過來就會微微晃動那樣。生殖器後端就與肛門之間的那些肌肉（會陰）也向四周鬆脫了。沒有絲毫重量，骨骼鬆、肌肉鬆、盤骨沒有任何壓力、臀部也鬆弛了、大腿、小腿的肌肉全伸展開了，鬆了。關節鬆、雙足鬆、腳趾鬆、最後，想一想雙足的足心融入大地了。

現在全身都放鬆了，沒有任何牽絆，輕飄飄，軟綿綿，柔若無骨。地心引力不再。你是宇宙的影舞者。緩緩的揮揮手臂，隨興的擺一個姿態，多美呀，你是宇宙的精靈。」

沒錯，想到達物我相忘的渾然一體境界，必須學會放鬆自己，而上述的練習過程是我見過最好的，大家應該常常進行這樣的自我練習，譬如在沒事的時候，或睡前。

如果這種放鬆的感覺在做事的時候也能保持，天人合一或美好的體驗將隨時出現，無需多做其他練習，譬如瑜珈、氣功、持咒、念經、祈禱等，因為已經足夠了。

許多修行家在進行修練的時候，宣稱境界有多高，一旦回到日常生活時，境界就跑掉了，殊為可惜。

所以請大家在練習後要牢記那樣的放鬆感，因為日常生活才是該放鬆應對的時候，而不是只限定在特定的休息時段。

唯有從容面對日常生活，譬如上班與考試，煩惱與壓力才會跟著減少，回到家裡才放鬆又有何用呢？

結語

現代人的慾望太大，想擁有更多的權利，擁有更多的東西，擁有被羡慕與被尊重的感覺。這種無底深淵的可怕慾望，使得吸引力法則這類書籍大行其道，即使未必可以滿足需求，依然可以盛行不衰，反正永遠是讀者不夠努力，作者永遠沒錯。

如果大家仔細看過本書，就可以抱持比較踏實的態度，不再癡心妄想，不再以為有什麼無限的力量在運作護持。

吸引力法則只能在人際關係中找到，譬如所謂同類相吸、臭味相投，絕不是什麼宇宙最大的秘密，更不是發出超能力的方法，大家不要被騙了。

本書有大量無可辯駁的吸引力法則的反證，目的是告訴大家，宇宙不是依照人類的想法在運行，成功的果實也未必要發給念力最強的人，只要得失看淡，海闊天空將任君遨遊。

真正成功的秘訣是在慾望不高的情形下，努力工作與發揮創意，再加上一些運氣就水到渠成了，完全沒有宇宙的虛妄秘密力量在作用。

真正健康的態度是善用負面思想，化危機為轉機，化悲憤為力量，而不是將失敗全歸咎於負面思想作祟，連想都不敢想，然後拼命催眠自己產生正面思想或愛。

如果大家進一步體驗本書提到的絕對和諧狀態，除了慾望降低以外，也會明白「謀事在己，成事在天」的道理，不再隨便「向宇宙下訂單」。

好好對待自己的身體，體會真正放鬆的感覺，就是接近絕對和諧狀態的途徑，這個時候再來發出願望，比較不會荒腔走板、脫離現實。

希望本書不是引來撻伐，而是誘發清醒，換來深思，或者，起碼讓大家獲悉一些科學新知，沒有浪費買書的錢，那麼作者的目的就算達成了。

最後送給大家一句話：

只要我們接近終極的生命意義，就不會想太多或要太多，真正的宇宙秘密遠比物質享受更偉大、更舒適、更寧靜、更和平。

祝大家早日接近這個終極目標！

解密：吸引力法則的真相

作者◆成和平
發行人◆施嘉明
總編輯◆方鵬程
主編◆葉幗英
責任編輯◆徐平
美術設計◆吳郁婷

出版發行：臺灣商務印書館股份有限公司
台北市重慶南路一段三十七號
電話：(02)2371-3712
讀者服務專線：0800056196
郵撥：0000165-1
網路書店：www.cptw.com.tw
E-mail：ecptw@cptw.com.tw
網址：www.cptw.com.tw

局版北市業字第 993 號
初版一刷：2012 年 6 月
定價：新台幣 280 元

ISBN 978-957-05-2705-6

解密：吸引力法則的真相／成和平著．-- 初版．
-- 臺北市：臺灣商務， 2012. 06
面 ； 公分. --

ISBN 978-957-05-2705-6(平裝)

1. 超心理學 2. 吸引力 3. 心電感應

175.9 101005971